CEC 아카데미

누구도 모방할 수 없는

진짜!

영국 대학 입시와 입학정보

GCSE, A-level, IB 학생들을 위한 영국 대학 입학 필독서

영국 입시 및 대학 컨설팅 **최고** 전문가
한영호 지음

서문

"As a general rule, the most successful man in life is the man who has the best information"
"일반적으로, 인생에서 가장 성공한 사람은 최고의 정보를 가진 사람이다." 〈Benjamin Disraeli〉

"The only people who never fail are those who never try"
"절대 실패하지 않는 유일한 사람들은 아무 시도도 하지 않는 사람들입니다." 〈Ilka Chase〉

"Talent is cheaper than table salt.
What separates the talented individual from the successful one is a lot of hard work."
"재능은 식탁용 소금보다 흔하다.
재능있는 사람과 성공한 사람을 구분하는 기준은 오로지 엄청난 노력뿐이다." 〈Stephen King〉

필자가 서문 첫 부분의 명언 세 가지를 여러분들에게 소개하고자 합니다.
첫 번째 명언은 정보의 중요성, 두 번째, 세 번째 명언은 노력의 중요성에 대한 얘기입니다.

필자는 이 책을 통해 여러분에게 올바른 영국 입시 정보를 주고자 합니다. 필자가 가르쳤던 많은 학생들 중 잘못된 정보로 영국 유학을 시작하여 시간의 낭비와 경제적 손실을 본 경우를 많이 보았습니다. 요즘은 영국 유학에 대한 수많은 정보를 어렵지 않게 얻을 수 있습니다. 인터넷을 통하거나, 유학원에서 상담으로 그리고 주위 지인들로부터 다양한 정보를 얻습니다. 영국 교육에 대해 잘 모르는 경우, 어떤 정보가 맞는지 틀리는지 알 수가 없습니다. 필자는 정확한 정보를 이 책을 통해서 학생들에게 전달하여, 학생들이 시행착오 없이 학생이 원하는 꿈을 이루는 데 작은 보탬이 되고자 합니다.

정확한 정보를 통해서 여러분들의 원하는 꿈을 이루기 위해 끊임없는 노력을 하기를 바랍니다.
영국 교육제도, 특히 대학 입시는 계속 변화되고 있습니다. 대학 입학 전략도 그것에 맞추어야 합니다.

"영국 대학 입시 제대로 알고 준비하자"라는 책을 통해 영국 명문대 입학 전략 (케임브리지, 옥스퍼드 입학 정보 및 전략, 인터뷰 요령, 주요 명문 대학 입학 정보 및 전략), 영국 의·치대 입학 정보 및 전략, A-level 소개 (과목 선정, 공부 방법, A-level 중요성), IB 소개 (IB 통계, 과목 선정, 공부 방법, IB 중요성) GCSE 소개 (과목 선정, 공부 방법, GCSE 중요성), 영국 대학 입학 시험 (입학 시험 종류, 등록 방법, 시험 결과, 시험의 중요성), 영국 대학 입학시험 (입학시험 종류, 등록 방법, 시험 결과, 시험의 중요성), 영국 유학의 성공과 실패 사례들 소개, 그리고 상담 때 많이 받는 질문과 답변 등의 내용을 소개하고자 합니다.

여러분들의 많은 관심과 성원 바랍니다. 감사합니다.
- 한 영 호 -

CONTENTS

PART 01　영국 명문대 소개　07
University of Cambridge
University of Oxford
Imperial College London
LSE
UCL (University College London)
University of Warwick
KCL (Kings College London)
University of Manchester

PART 02　케임브리지 및 옥스퍼드 입학 정보 및 전략　31
University of Cambridge
University of Oxford
입학공통사항
CEC 옥스브리지 프로젝트

PART 03　영국 의대, 치대 입학 정보 및 전략　57
영국 의대 입학 정보 및 전략
영국 치대 입학 정보 및 전략
UCAT 소개
CEC 아카데미 의대, 치대 프로젝트 특장점

PART 04　GCSE 소개 및 중요성　67

PART 05　영국 대학 시험 (A-level) 소개 및 고득점 전략　75
A-level 소개
A-level 과목선택
A-level 고득점 전략

PART 06　IB 소개 및 고득점 전략　83
IB 소개
IB 과목선택
IB 고득점 전략

PART 07　영국 대학 입학 시험　97
영국 대학 입학 시험 종류
영국 대학 입학 시험의 중요성
UCAT 시험
ESAT 시험
TMUA 시험
PAT 시험
MAT 시험
TSA 시험
TARA 시험

PART 08　영국 유학 성공과 실패 사례들　115

01

영국 주요 명문대 소개

University of Cambridge -
University of Oxford -
Imperial College London -
LSE -
UCL (University College London) -
University of Warwick -
KCL (Kings College London) -
University of Manchester -

영국 주요 명문대 소개

영국 대학은 여러 가지 과정을 통해 지원이 가능합니다. 대부분의 경우 영국 입시인 A-level 로 지원하며 그 외 IB, AP등 의 시험 성적으로 영국 대학에 지원합니다. 영국 대학은 최대 5곳까지 지원 가능합니다. (단, 케임브리지, 옥스퍼드는 동시에 지원이 안되며, 의.치대는 4곳까지 지원 가능)

A-level을 시작하는 학생들 대부분은 명문대 입학이 목표입니다. 그럼 영국의 명문대는 어떤 곳들이 있을까요? 영국 대학 순위를 평가하는 기관마다 대학 순위가 아주 다릅니다. 대학 순위를 평가하는 모든기관은 여러 항목 의 점수를 합산하여 전체 점수의 순서로 순위를 정합니다. 이 항목 중에는 입학 점수, 학생의 만족도, 연구 실적, 교수와 학생 비율, 학교시설, 졸업생 진로 등 수많은 항목 중 4~6가지 항목을 선택하여 조사 후 총점을 바탕으로 순위를 공표합니다. 이렇게 하다 보니 여러분들이 최상위권이라고 생각하는 대학이 10위 정도 또는 10위 정도 하는 대학이 최상위권 (1~5위권) 자리에 순위를 가지기도 합니다.

2026년 영국 대학 순위는 표에서 확인됩니다. 대학 순위 표는 Complete University Guide 자료 입니다.

2026년 영국 대학 순위 (Source: Complete University Guide)

Ranking	University	Overall score
1	Cambridge	100
2	Oxford	98
3	LSE	93
4	St. Andrews	92
5	Durham	90
6	Imperial	90
7	Loughborough	87
8	Bath	84
9	Warwick	83
10	Lancaster	80
11	Exeter	79
12	York	79
13	UCL	78
14	Birmingham	78
15	Sheffield	77
16	Southhampton	77
17	Edinburgh	77
18	York	76
19	KCL	76
20	Surrey	76

영국 최고의 대학은 케임브리지, 옥스퍼드이며 매년 순위에서 1, 2위를 차지하고 있습니다. 이 두 대학 외 임페리얼, LSE, UCL의 빅 5대학입니다. 이 다섯 개의 대학을 G5라고 하며, 미국의 아이비리그 대학에 대응하는 영국의 최상위권 대학입니다.

학생들을 현장에서 지도해보면, 최상위권 학생들은 케임브리지, 옥스퍼드 등 G5 대학에 주로 지원을 하고 있습니다. 케임브리지와 옥스퍼드 대학은 동시 지원이 안되어 학생들이 어느 대학을 지원할지 고민을 많이 합니다. 일반적으로 케임브리지 대학에 지원하는 학생들의 성적이 더 좋습니다. 케임브리지 대학이 옥스퍼드 대학보다 A-level, IB 요구 점수가 높아서, 최상위권 학생들이 옥스퍼드 보다 케임브리지에 많이 지원합니다. 특히 케임브리지 대학의 이공계 학과들과 경제학과에 입학하려면 상당히 높은 점수의 A-level/IB 성적이 요구되므로 이 학과에 지원하는 학생들의 성적은 정말 높습니다. 케임브리지 대학 인기학과 (이공계, 경제학과, 의대)에 지원하는 학생들의 A-level 예상 점수는 4A*, IB 예상 점수는 44점

이상인 학생들이 많습니다. 한국 대학과 비교하면 케임브리지는 서울대, 옥스퍼드는 연.고대 정도의 입학 점수 차이가 있습니다.

요즘은 세계대학 순위도 해마다 발표됩니다. 세계 대학 순위도 평가 기관마다 다양한 항목들을 채택하면서 평가 기관마다 순위 차이가 크게 납니다. 세계 4대 세계 대학 순위 평가 기관의 순위를 보면 다음과 같습니다.

2025년 영국 대학의 세계대학 순위

	QS	THE	CWUR	ARWU
1	MIT	Oxford	Harvard	Harvard
2	Imperial	MIT	MIT	Stanford
3	Stanford	Harvard	Stanford	MIT
4	Oxford	Princeton	Cambridge	Cambridge
5	Harvard	Cambridge	Oxford	UC Berkeley
6	Cambridge	Stanford	Princeton	Oxford
7	ETH Zurich	Caltec	Pennsylvania	Princeton
8	NUS Singapore	UC Berkeley	Columbia	Columbia
9	UCL	Imperial	Yale	Caltec
10	Caltech	Yale	Chicago	Chicago
11	Hong Kong	ETH Zurich	Caltec	Yale
12	NTU Singapore	Tsinghua	UC Berkeley	Cornell
13	Chicago	Peking	Tokyo	PSL
14	Peking	Chicago	Cornell	UCL
15	Pennsylvania	Pennsylvania	Northwesern	Pennsylvania
16	Cornell	John Hopkins	Michigan	UCLA
17	Tsinghua	NUS Singapore	UCLA	Washington
18	UC Berkeley	Columbia	John Hopkins	Tsinghua
19	Melbourne	UCLA	PSL	John Hopkins
20	UNSW Sydney	Cornell	UCL	UC San Diego

QS (영국), THE (영국), CWUR (UAE), ARWU (중국)의 순위를 보면 평가 기관마다 평가 항목의 가중치가 달라서 순위가 다른 것을 알 수 있습니다.

세계 대학 순위 20위 (세계 명문 대학)까지 표를 보면, 영국 대학은 노란색으로 표시해두었습니다. 예상대로 영국 대학에서 세계 대학 20위 안에 있는 학교들은 케임브리지, 옥스퍼드, 임페리얼, UCL입니다. 특히 케임브리지, 옥스퍼드는 4개의 평가 기관에서 5위권 이내이며, 임페리얼과 UCL은 평가 기관에 따라서 순위가 변화가 심한 것을 알 수 있습니다.

결론적으로 케임브리지, 옥스퍼드는 평가 기관이나 평가 항목에 관계없이 세계 대학 최상위인 것을 알 수 있습니다.

영국은 이 4개의 대학 외에도 각 전공별로 세계적인 대학이 많습니다. 영국 대학 입학을 준비 중인 학생 여러분, 목표를 항상 높이 잡으세요. 그리고 그 목표를 향해 실천 가능하고 체계적인 공부 계획을 세워서 성실히 꾸준하게 공부하면 여러분이 목표로 하는 대학이 여러분의 대학이 될 수 있습니다.

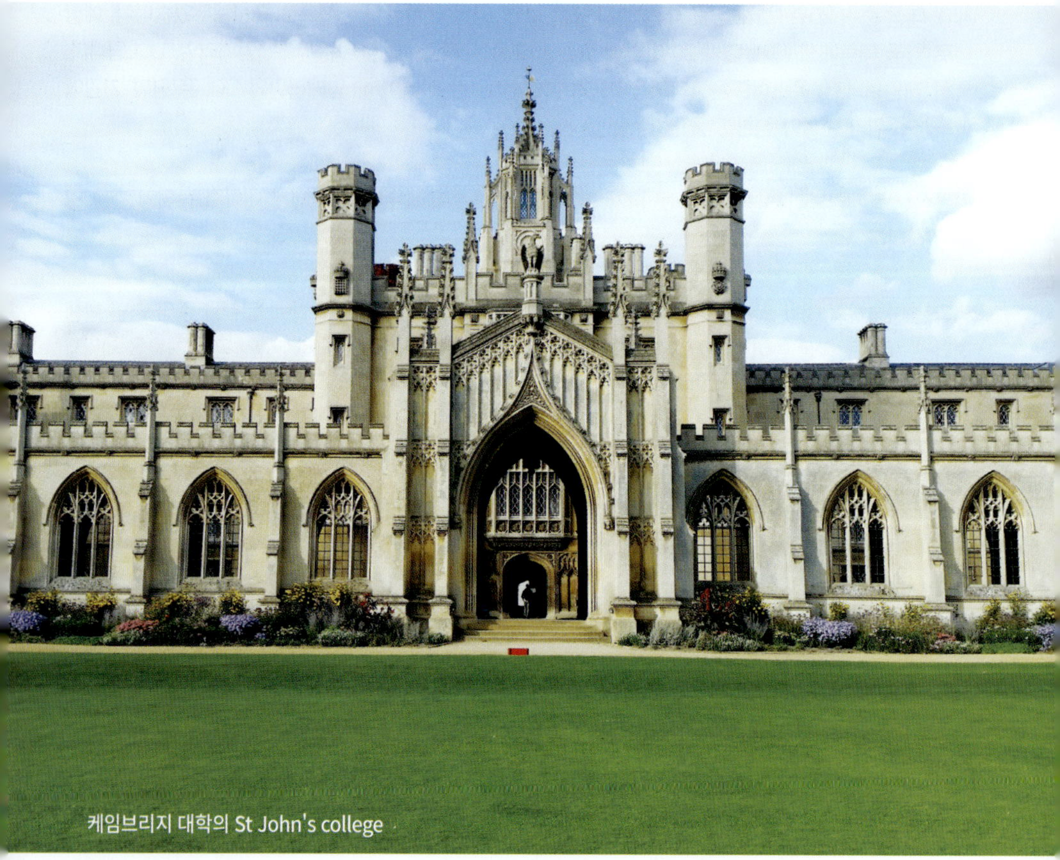

케임브리지 대학의 St John's college

UNIVERSITY OF CAMBRIDGE
케임브리지 대학

케임브리지 대학 주요학과별 입학 요구 점수 (A-level, IB)

학과	A-level 점수	필수 과목	특이사항
Economics	A*A*A	Maths	TMUA 시험, 경쟁률 10:1
Engineering	A*A*A	Maths, Physics	ESAT 시험, 경쟁률 8:1
Land Economics	A*AA	Maths, Economics (Useful)	입학 시험 없음, 경쟁률 9:1
Law	A*AA	English (Language or Literature), History 추천	LNAT 시험, 경쟁률 7:1
Mathematics	A*A*A		STEP 시험, 경쟁률 7:1
Medicine	A*A*A	Chemistry	UCAT 시험, 경쟁률 7:1
Natural Science	A*A*A	Maths	ESAT 시험, 경쟁률 4:1

학과	IB 점수	필수 과목	특이사항
Economics	41-42, 776 HL	Maths	IB Maths (Analysis & Approaches)
Engineering	41-42, 776 HL	Maths, Physics	IB Maths (Analysis & Approaches)
Land Economics	41-42, 776 HL	Maths, Economics (Useful)	
Law	41-42, 776 HL	Essay based subject (useful)	LNAT 시험
Mathematics	41-42, 776 HL	Math (필수), Physics (some colleges)	IB Maths (Analysis & Approaches)
Medicine	41-42, 776 HL	Chemistry (필수) (Physics, Biology, Maths 중 1)	IB Maths (Analysis & Approaches)
Natural Science	41-42, 776 HL	Maths	IB Maths (Analysis & Approaches)

케임브리지 대학의 주요 학과별 A-level, IB 요구 점수입니다. 거의 대부분의 인기학과에서 A-level은 2A*1A, IB는 40-42 점의 입학 점수를 요구합니다. 학생들의 인터뷰에 따라서 학생마다 조금씩 다른 요구 점수를 받습니다. 각 학과별로 요구하는 필수과목에서는 꼭 원하는 점수 이상을 받아야 합격이 가능합니다.

많이 학생들이 착각하는 것이 A-level, IB 첫해 예상 점수가 요구 점수 정도 되면 케임브리지 대학에 지원해서 입학이 가능하다고 생각합니다. 실제 합격생의 예상 점수는 주요 인기 학과의 경우 3A*1A 이상 또는 IB 43점 이상 정도 됩니다. 물론 이것보다 낮은 예상 점수로 입학하는 경우도 있지만 확률은 엄청 낮습니다. 학과별로 특별히 요구하는 사항은 A-level, IB 시작 전에 알고 있어야 합니다. 경제학이나 공학은 4과목의 A-level 점수를 요구하기도 합니다. 최근에 CEC를 통해서 케임브리지에 입학 한 학생들 대부분이 4과목의 A-level을 했습니다.

옥스퍼드 대학의 Christ Church College

UNIVERSITY OF OXFORD
옥스퍼드 대학

옥스퍼드 대학 주요학과별 입학 요구 점수 (A-level, IB)

학과	A-level 점수	필수 과목	특이사항
E&M	A*AA	Maths	TSA 시험, 경쟁률 19:1
Engineering	A*A*A	Maths, Physics	PAT 시험, 경쟁률 6:1
Biochemistry	A*AA	Chemistry	입학 시험 없음
Law	AAA		LNAT 시험, 경쟁률 10:1
Mathematics	A*A*A	Maths, Further Maths	MAT 시험, 경쟁률 10.5:1
Medicine	A*AA	Chemistry	UCAT 시험, 경쟁률 11:1
PPE	AAA	Maths 추천	TSA 시험, 경쟁률 8:1

학과	IB 점수	필수 과목
E&M	39, 766 HL	Maths
Engineering	40, 776 HL	Maths, Physics
Biochemistry	39, 766 HL	Chemistry
Law	38, 666 HL	
Mathematics	39, 766 HL	Maths
Medicine	39, 766 HL	Chemistry
PPE	39, 766 HL	Maths 추천

(E&M: Economics and Management), PPE (Philosophy, Politics, Economics)

옥스퍼드 대학 주요 학과의 일반적인 오퍼는 케임브리지보다 약간 낮습니다. 하지만 예상 점수는 최소 2A*1A 정도는 되어야 지원 가능합니다. 케임브리지처럼 옥스퍼드 대학에 지원하려면 요구 점수보다는 예상 점수가 높아야 합니다. 옥스퍼드 인기학과 (이공계, 의대, E&M, PPE 등)에 지원하는 학생들 대부분 A-level 예상점수 3A* 나 IB 42 점 이상으로 지원합니다. 옥스퍼드는 예전부터 Pre-interview test가 있었으며, 이 시험의 결과에 따라 인터뷰 오퍼를 결정하니 이 시험을 잘 봐야 합니다.

케임브리지와 옥스퍼드는 Pre-interview test를 치는 학과들이 많고, 이 시험 후 인터뷰를 통해서 최종 오퍼를 받습니다.

IMPERIAL COLLEGE LONDON

임페리얼 칼리지

임페리얼 대학 주요학과별 입학 요구 점수 (A-level, IB)

학과	A-level 점수	필수 과목	특이사항
Biochemistry	AAA	Chemistry	경쟁률 10:1
Chemical Engineering	A*A*A	Chemistry, Maths	ESAT 시험, 인터뷰 경쟁률 6:1
Electrical Engineering	A*A*A/A*AAA	A*Maths, A Physics	ESAT 시험, 인터뷰 경쟁률 12:1
Mathematics	A*A*A	Maths, Furtehr Maths	TMUA 시험 경쟁률 12:1
Mechanical Engineering	A*A*A/A*AAA	Maths, Physics	ESAT 시험, 인터뷰 경쟁률 11:1
Medicine	AAA	Chemistry, Biology	UCAT 시험, 인터뷰 경쟁률 10:1
Physics	A*A*A	Maths, Physics	ESAT 시험 경쟁률 7:1

학과	IB 점수	필수 과목	특이사항
Biochemistry	38, 66 HL	Chemistry (6), (Physics, Biology, Maths)	합격생의 80% 이상이 39점 이상 받음
Chemical Engineering	40, 776 HL	Chemistry (7), Maths (7)	Maths AA(선호) or AI
Electrical Engineering	40, 77 HL	Maths, Physics	Maths AA(선호) or AI
Mathematics	39, 76 HL	Maths (7)	Maths AA(선호) or AI
Mechanical Engineering	40, 66 HL	Maths, Physics	Maths AA(선호) or AI
Medicine	38, 66 HL	Chemistry, Biology	Maths AA or AI
Physics	40, 776 HL	Maths, Physics	Maths AA(선호) or AI

임페리얼은 예상 점수가 주요 인기 학과의 경우 최소 3A*1A 또는 IB 41~42점 는 되어야 입학이 가능합니다. 인기 학과들 (예를 들면 의대, 공학 등) 은 경쟁률이 10:1 정도 됩니다. 경쟁이 심하기 때문에 최상위권 인기 학과가 목표면 가능한 4과목의 A-level을 추천합니다. 전체적으로 옥스퍼드와 비슷한 입학 점수를 요구합니다. 임페리얼의 경우 입학 시험과 인터뷰를 실시하는 학과, 입학 시험만 있고 인터뷰 없는 학과 그리고 입학 시험과 인터뷰 없는 학과도 있습니다.

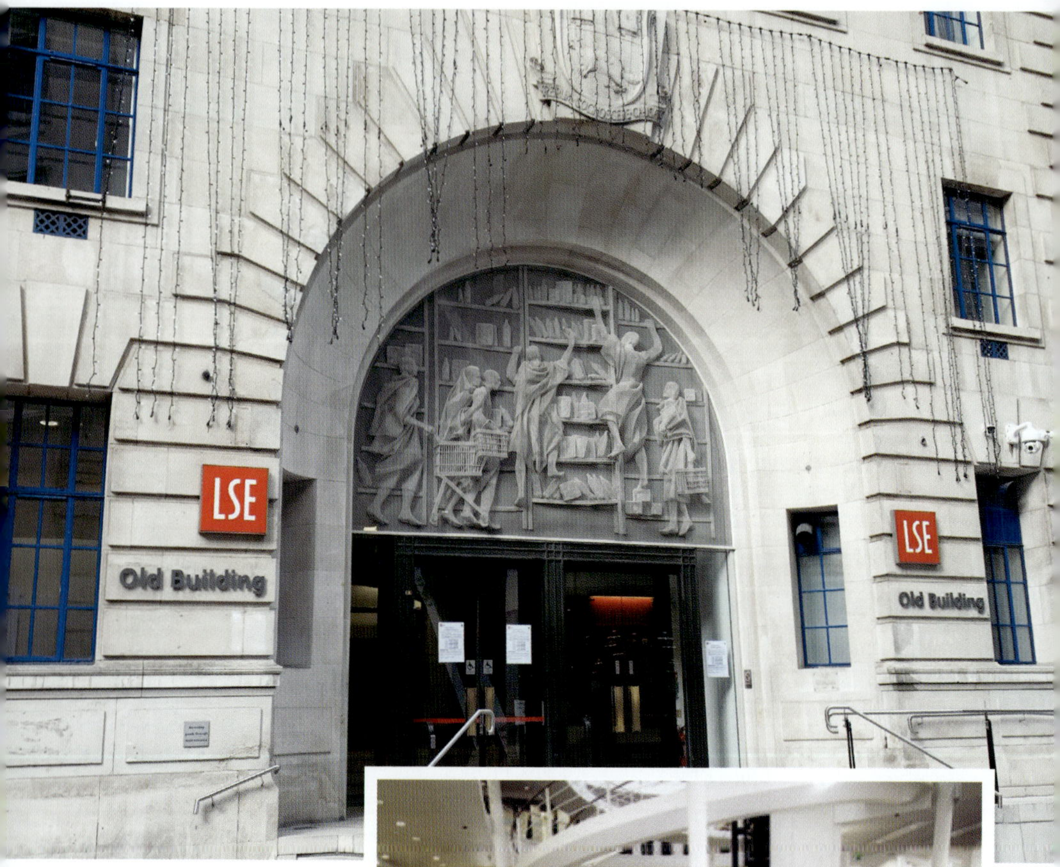

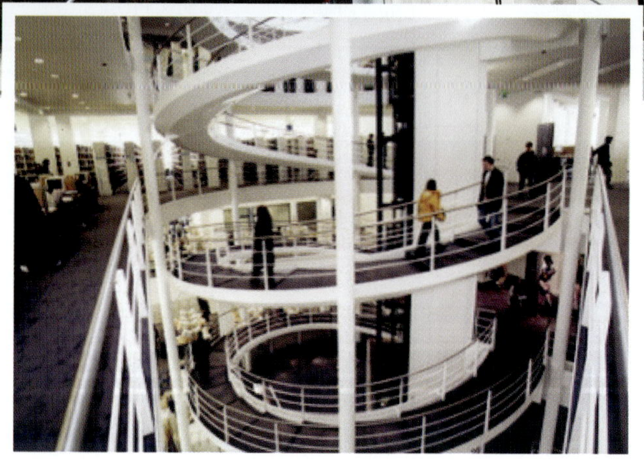

LSE

LSE 대학

THE LONDON SCHOOL OF ECONOMICS AND POLITICAL SCIENCE

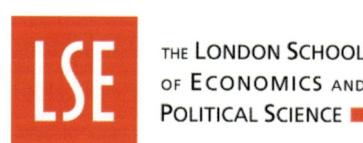

LSE 대학 주요학과별 입학 요구 점수 (A-level, IB)

학과	A-level 점수	필수 과목	특이사항
Accounting and Finance	AAA	Maths	경쟁률 16:1
Management	AAA	Maths	경쟁률 15:1
Economics	A*AA	Maths (A*)	TMUA 시험 경쟁률 17:1
International Relations	AAA		경쟁률 15:1
Law	A*AA		LNAT 시험, 경쟁률 17:1
Maths and Economics	A*AA	Maths (A*)	TMUA 시험 선호, 경쟁률 13:1
PPE	A*AA	Maths (A*)	경쟁률 28:1

학과	IB 점수	필수 과목	특이사항
Accounting and Finance	38, 766 HL	Maths (6)	GCSE 성적이 좋아야 함
Management	38, 766 HL	Maths	GCSE 성적이 좋아야 함
Economics	39, 766 HL	Maths (7)	GCSE 성적이 좋아야 함
International Relations	38, 766 HL		GCSE 성적이 좋아야 함
Law	39, 766 HL		GCSE 성적이 좋아야 함
Maths and Economics	39, 766 HL	Maths AA(7)	GCSE 성적이 좋아야 함 TMUA 시험 치면 유리함
PPE	39, 766 HL	Maths (7)	GCSE 성적이 좋아야 함

LSE는 문과만 있는 학교라 학교 순위와 비교해 상대적으로 학생들의 A-level, IB 요구 점수가 낮습니다. 그러나 LSE를 지원하는 학생 대부분이 케임브리지나 옥스퍼드를 지원하는 학생들이라 예상 점수는 실제 요구 점수보다 높아야 오퍼를 받을 가능성이 높습니다. 대부분의 인기 학과에서는 수학이 필수 과목이므로 잘 해야 합니다. LSE Economics, Economics and Mathematical Economics 이 두 학과는 TMUA 시험을 쳐야 합니다. LSE는 인터뷰가 없으므로 자기소개서를 잘 써야 합니다.

UCL
(University College London)

UCL 대학

UCL 대학 주요학과별 입학 요구 점수 (A-level, IB)

학과	A-level 점수	필수 과목	특이사항
Architecture	AAB		인터뷰때 Portfolio 요구
Biochemistry	AAA	Chemistry, Biology, Maths	
Economics	A*AA	Maths A*/ Economics A	TMUA 시험, Resit 인정 안함
Chemical Engineering	AAA	Maths, Chemistry	
Mathematics	A*A*A	Maths, Further Maths	STEP or AEA, Resit 인정 안함
Mechanical Engineering	A*AA	Maths, Physics	
Medicine	A*AA	Chemistry, Biology	UCAT 시험, 인터뷰, Resit 인정 안함
Management	A*AA	Maths	TARA 시험

학과	IB 점수	필수 과목	특이사항
Architecture	36		HL 과목 5 이상
Biochemistry	38	Chemistry, Biology, Maths	HL 과목 5이상, HL 총점 18점 이상
Economics	39, 766 HL	Maths (7)/ Economics (6)	
Chemical Engineering	38, 666 HL	Maths, Chemistry	
Mathematics	40, 776 HL	Maths	
Mechanical Engineering	39, 766 HL	Maths, Physics	
Medicine	39, 766 HL	Chemistry, Biology	
Management	39, 766/775 HL	Maths	

UCL은 런던에 있는 대학 중 가장 규모가 크며, 영국에서 학생 수가 가장 많은 대학입니다. 대부분의 인기 학과에서는 A-level A/A* 또는 IB 38~39 이상의 점수를 요구합니다. UCL은 영국 최고 명문대 그룹인 G5 대학으로 이 대학에 지원하는 학생들 대부분은 케임브리지, 옥스퍼드, Imperial, LSE 에도 동시에 지원합니다. 그런 만큼 경쟁이 치열하며, 지원자 대부분의 학생들이 성적이 높습니다. UCL은 의대, 건축학과 등 인터뷰가 꼭 필요한 학과를 제외하고 대부분의 학과에서는 입학 전형에 인터뷰가 없습니다. 2026년 입학생 부터 Economics는 TMUA 시험, Management는 TARA 시험을 쳐야 합니다. 2026년 입학생부터 Economics는 TMUA 시험, Management는 TARA 시험을 쳐야 합니다. UCL은 중, 상위권 학생들이 가장 가고 싶어 하는 학교입니다.

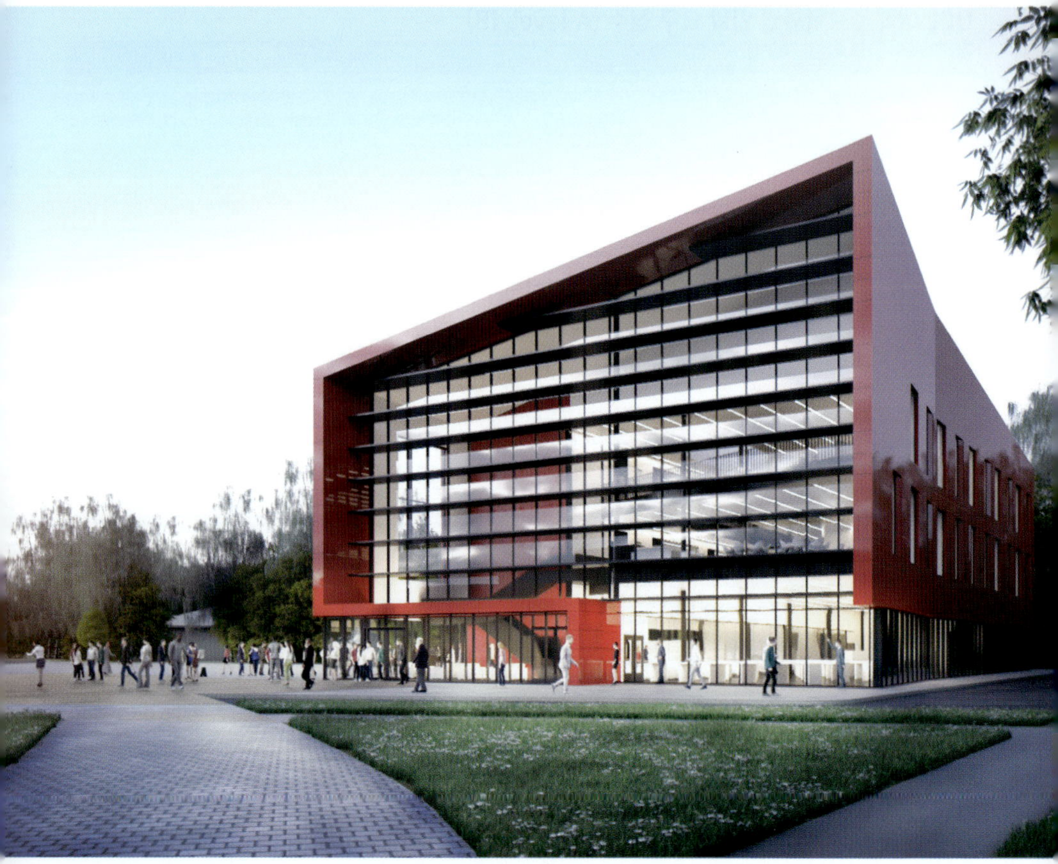

UNIVERSITY OF WARWICK

워릭 대학

워릭 대학 주요학과별 입학 요구 점수 (A-level, IB)

학과	A-level 점수	필수 과목	특이사항
Accounting and Finance	A*AA	Maths (A)	
Biochemistry	AAB	Biology, Chemistry	
Computer Science	A*A*A	Maths	TMUA 시험
Economics	A*AA	Maths	TMUA 시험 치는 것 추천
Management	A*AA		
Mathematics	A*A*A	Maths, Further Maths	TMUA 시험/STEP 시험
Mechanical Engineering	AAA	Maths, Physics	

학과	IB 점수	필수 과목	특이사항
Accounting and Finance	38	Maths (6)	
Biochemistry	34	Biology (5), Chemistry(5)	
Computer Science	39, 766 HL	Maths (7)	Maths AA
Economics	38, 666 HL	Maths (6)	
Management	38		
Mathematics	39, 666 HL	Maths (6)	Maths (AA)
Mechanical Engineering	36, 66 HL	Maths (6), Physics (6)	

워릭 대학은 Maths, Computer Science, Economics 가 좋기로 유명한 학교입니다. 학교에서 요구하는 점수가 과별로 차이가 납니다. 최상위권 학생들의 경우 워릭은 보험 정도로 생각하는 경향이 있습니다. 중, 상위권 학생들의 경우에는 현실적으로 도전해 볼 만한 학과가 많습니다.

KCL
(Kings College London)

KCL 대학

KCL 대학 주요학과별 입학 요구 점수 (A-level, IB)

학과	A-level 점수	필수 과목	특이사항
Law	A*AA		LNAT
Biochemistry	AAA	Biology, Chemistry	
Psychology	A*AA	A in one of Biology, Chemistry, Maths, Physics or Psychology	
Economics	A*AA	Maths (A)	
Medicine	A*AA	Biology, Chemistry	UCAT 시험, 인터뷰
Mathematics	A*AA	Maths, Further Maths	
Dentistry	A*AA	Biology, Chemistry	UCAT 시험

학과	IB 점수	필수 과목	특이사항
Law	38, 766 HL		
Biochemistry	36, 666 HL	Biology, Chemistry	
Psychology	38, 766 HL	6 in one of Biology, Chemistry, Maths, Physics or Psychology	
Economics	38, 766 HL	Maths (6)	
Medicine	38, 766 HL	Biology, Chemistry	
Mathematics	38, 766 HL	Maths (7)	
Dentistry	38, 766 HL	Biology, Chemistry	UCAT 시험

런던에 있는 학교 중 4번째로 좋은 학교입니다. 중위권 학생들이 가장 가고 싶어 하는 학교이기도 합니다. A-level 오퍼 점수를 보면 중위권 학생들이 입학하기 힘들어 보이지만, 실제로는 중위권 학생들이 입학을 많이 합니다. 물론 의·치대, 수학, 법학 경제학과 등 특정 학과는 상위권 학생들이 입학합니다. 학교 랭킹에 비해서 대학에서 요구하는 A-level, IB 점수가 높습니다.

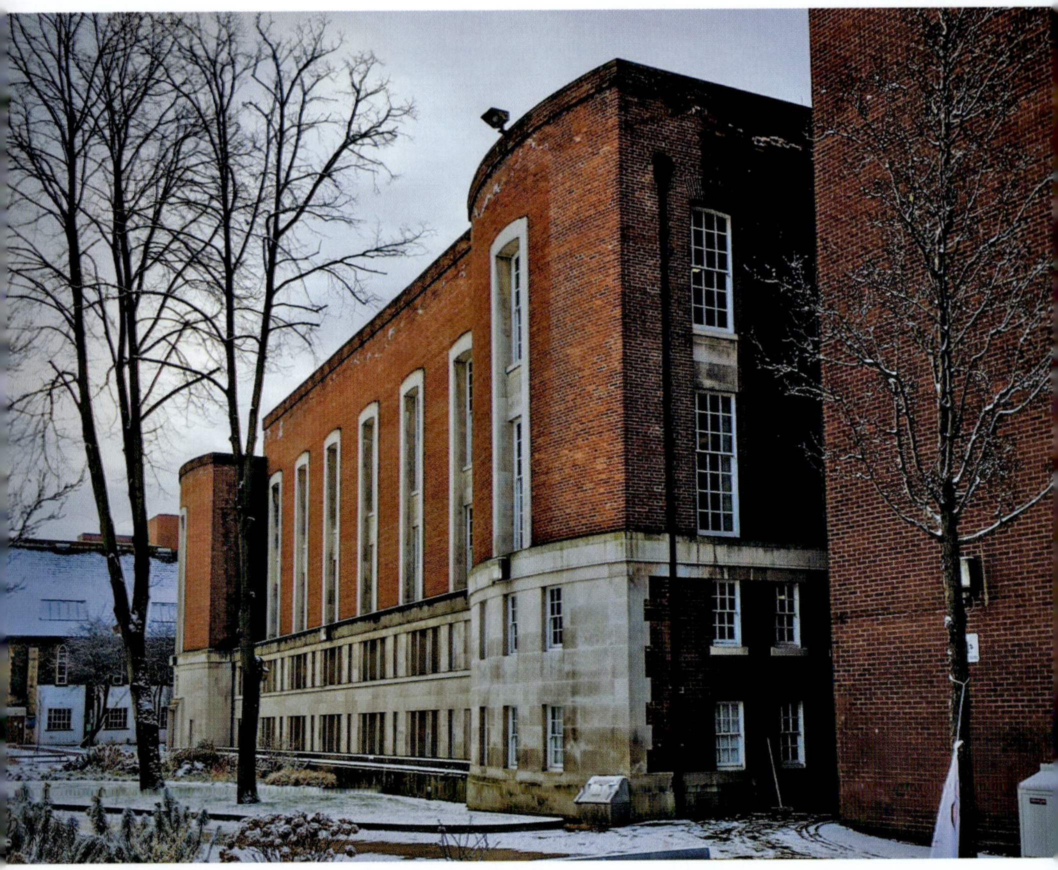

UNIVERSITY OF MANCHESTER

맨체스터 대학

맨체스터 대학 주요학과별 입학 요구 점수 (A-level, IB)

학과	A-level 점수	필수 과목	특이사항
Dentistry	AAA	Chemistry, Biology	GCSE 7과목에서 7 이상
Economics	AAA	Maths	
Chemical Engineering	AAA	Maths	Physics or Chemistry
Mathematics	A*AA	Maths	Further Maths 선호
Mechanical Engineering	A*A*A	Maths, Physics	
Medicine	AAA	Chemistry, Biology	GCSE 7과목에서 7이상, UCAT
Management	AAA		

학과	IB 점수	필수 과목	특이사항
Dentistry	36, 666 HL	Chemistry, Biology	UCAT 시험
Economics	36, 666 HL	Maths (6)	
Chemical Engineering	36, 666 HL	Maths (6)	Physics or Chemistry
Mathematics	37, 766 HL	Maths (7)	
Mechanical Engineering	38, 776 HL	Maths, Physics	
Medicine	36, 666 HL	Chemistry, Biology	
Management	36, 666 HL		

한국 학생들이 가장 많이 입학하는 학교가 맨체스터 대학입니다. 인기가 많아서 그런 것 보다는 중위권 학생이나 하위권 학생들이 A-level 외에도 파운데이션으로 입학이 가능하기 때문에 그런 것 같습니다. 한국 학생들에게 인기가 많거나 많이 입학하는 학교 위주로 주요 학과의 입학 요구 점수들을 알아보았습니다. 어느 학교든지 학교에서 요구하는 입학 점수보다는 예상 점수가 높아야 합니다. 학생들은 목표로 하는 대학의 입학 요구점수로 목표를 잡지 말고 그보다 훨씬 높은 점수를 목표로 예상 점수를 받으려고 노력하세요. A-level, IB 첫해 예상 점수로 대학을 지원하게 되니 전략을 잘 세워서 공부하기를 바랍니다.

CEC ACADEMY
최근 실적 현황

2012년 이후 매년 "케임브리지, 옥스퍼드, 영국 의.치대 합격생 배출"

최근 13년간, 옥스브리지 57명, 영국 의 치대 53명 합격, 그 외 수 백명의 학생들을 영국 Top 10 대학, 미국 명문대 및 홍콩 대학에 진학 시켰습니다.

95%

영국 TOP 10 대학교 합격

의·치대 합격
90%

영국 TOP 10 합격
95%

CEC 합격생 실적 since 2012

- Cambridge 37명
- 의·치대 53명
- Oxford 20명
- LSE 32명
- Imperial 53명

"13년 연속(SINCE 2012) 옥스브리지 대학 및 의·치대 합격생 배출"

02

케임브리지 및 옥스퍼드 입학 정보 및 전략

University of Cambridge -
University of Oxford -
입학공통사항 -
CEC 옥스브리지 프로젝트 -

케임브리지와 옥스퍼드 입학 정보 및 전략

케임브리지와 옥스퍼드는 영국 대학 입학을 목표로 하는 학생들이 가장 가고 싶어 하는 대학입니다. 영국 대학의 상징이며 세계적인 대학. 케임브리지와 옥스퍼드 대학의 입학 정보 및 전략에 대해서 안내해 드리겠습니다.

UNIVERSITY OF CAMBRIDGE

앞서 케임브리지 대학 주요 학과별 입학 요구 점수에 대해 알아보았습니다. 케임브리지 대학에 지원하려면 학교에서 요구하는 점수 이상이 되어야 지원 가능합니다. 케임브리지 대학을 지원하게 되면, 칼리지를 선택하지 않거나 ("open"이라고 함), 칼리지 한 곳을 선택하여 지원합니다. 대부분의 경우, 칼리지 한곳을 선택합니다. 필자도 open보다는 칼리지 한 곳을 지원하는 것을 추천합니다. 칼리지 선택은 크기, 위치, 시설 그리고 중요한 것은 칼리지 경쟁률과 칼리지 순위도 고려해야 합니다. 칼리지 선택이 입학률에 상당한 영향을 미칩니다.

Gonville & Caius	St Catharines	Christs	Churchill	Clare	Clare Hall

Downing	St Edmunds	Emmanuel	Fitzwilliam	Girton	Homerton

St Johns	Kings	Lucy Cavendish	Magdalene	Murray Edwards	Newhall

Peterhouse	Queens'	Ridley Hall	Robinson	Selwyn	Sidney Sussex

Wesley House	Westcott House	Wolfson	Corpus Christi	Darwin	Hughes Hall

Jesus	Newnham	Pembroke	Trinity	Trinity Hall

케임브리지 대학 칼리지와 칼리지 문양 (Crest).
(Source: Ryderamies)

칼리지를 선택하면, 그 칼리지를 통해서 인터뷰를 하게 되며 최종 합격 여부도 그 칼리지를 통해서 결정됩니다. 케임브리지 대학 입학은 칼리지별로 독립적으로 운영된다고 보면 됩니다.

케임브리지 대학은 Winter Pool 이라는 아주 특이한 제도가 있습니다. 칼리지 별로 학생을 선발하다보니, 우수한 학생이 많이 지원하는 칼리지도 있는 반면에 상대적으로 성적이 약간 낮은 학생들이 지원을 많이 하는 칼리지들이 생길 수 밖에없는 구조입니다. 우수한 학생이 많이 지원한 칼리지들은 각 학과별로 정원을 채우는데는 문제가 없습니다. 상대적으로 덜 우수한 학생이 (덜 우수하다고해도 성적은 상당히 좋습니다) 많은 칼리지는 자기 칼리지에 지원한 학생들로 정원을 다 채우지 않습니다.
정원을 못채운 경우에, 치열한 경쟁으로 다른 칼리지에서 탈락한 우수한 성적을 가진 학생들로 정원을 채웁니다. 이런 과정을 Winter Pool 이라고 합니다. 이 제도로 학생을 선발할때는 인터뷰를 할 수도 있고, 인터뷰 없이 오퍼를 주기도 합니다. 인터뷰 없이 오퍼를 줄 경우 오퍼는 상당히 높습니다. 인기학과의 경우 3A*1A 이상의 A-level 점수를 요구하기도 합니다.

우수한 학생을 놓치지 않으려는 케임브리지 대학만의 특수한 선발 과정입니다.
이 과정으로 전체 정원의 30%를 채운다는 정보가 있습니다.

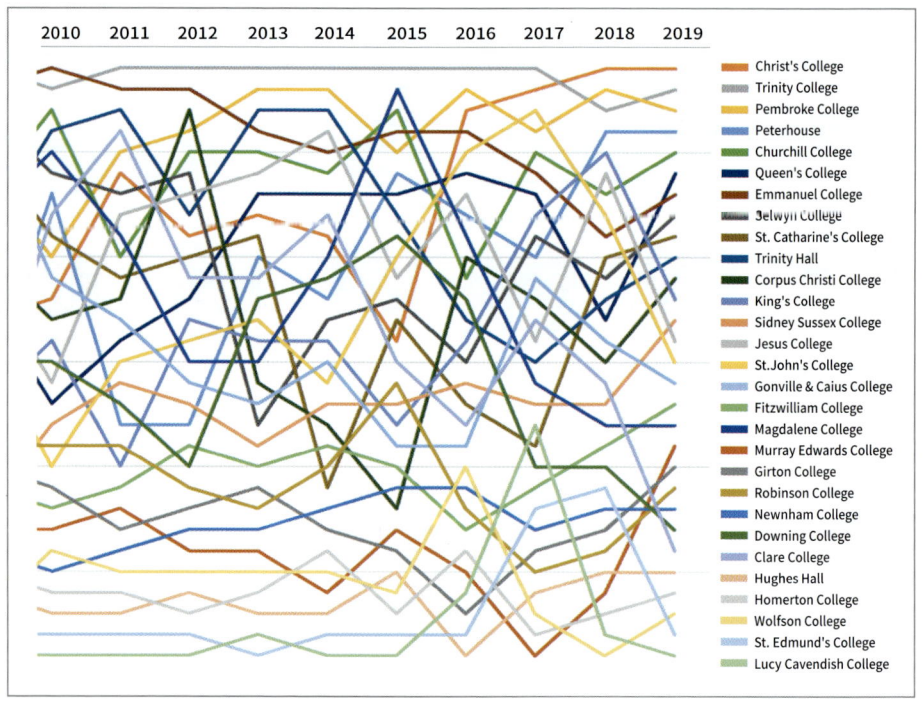

2010-2019년 케임브리지 대학 칼리지 랭킹, Tompkins Table (Source: Wikipedia)

2025학년도 케임브리지 입학 절차는 아래 표 와 같습니다. 해마다 케임브리지 대학의 입학 절차는 아래표와 거의 같다고 보면 됩니다.

2025년도 케임브리지 대학 입학 절차

날짜	내용
9월	15일 LNAT 등록 마감, 16일 UCAT 등록 마감, 26일 UCAT 시험 마지막 날, 29일 ESAT/TMUA 등록 마감
10월	9 or 10일 ESAT 시험, 13 or 14일 TMUA 시험
10월 15일	케임브리지 대학 원서 (UCAS) 마감
10월 22일	My Cambridge Application 마감
11월 중-말	인터뷰 오퍼
12월	1일-19일 사이 인터뷰 실시
1월 초	결과 발표
1월 초	Winter pool (인터뷰 후 오퍼를 받지 못한 학생중 성적 우수학생에게 다시 기회를 주는 제도)
1월 말	Pooled 학생들 결과 발표
5-6월	IB/A-level 시험
7-8월	7월 IB 결과, 8월 A-level 결과 (시험 결과에 따라 합격 여부 최종 결정)
10월	오퍼맞추면, 케임브리지 대학생

10월 15일에 대학 원서 (UCAS를 통해서 온라인으로 접수) 마감이고 원서가 접수되면 케임브리지에서 My Cambridge Application 을 작성해서 보내 달라고 하는데 10월 22일 마감입니다. 이 원서는 영국 대학 중 유일하게 케임브리지 대학만 요구하는 추가 원서로 UCAS 대학 원서로 알 수 없는 학생의 성적 등 상세한 내용을 적어서 제출해야 합니다.

2016년부터 생긴 케임브리지 pre-interview 시험은 10월 중순 경에 칩니다. 이 시험은 Pearson VUE's Test Centre에서 칩니다. 이 시험을 치르는 학생들은 Pearson VUE's Test Centre 홈페이지에서 등록하면 됩니다. 이 시험에 대한 자세한 안내는 저희 CEC 아카데미 유튜브 (https://www.youtube.com/@cecacademy10)나 케임브리지 대학 홈페이지에서 확인하면 됩니다..

예전에 없었던 pre-interview 시험이 생겨난 이유는 A-level 시험제도가 변경되면서 (AS 시험이 없어지고, modular (1년 과정 후 시험)에서 linear (2년 전체 과정 시험)로 시험 제도 변경으로 학생들의 실제 실력을 대학에서 정확히 알 수가 없어졌습니다. AS level 시험이 없어지면서 거의 대부분의 학교들은 자체 시험으로 학생들에게 예상 점수를 주다 보니, 예상 점수에 대한 신뢰도가 낮아지면서 케임브리지 대학이 자체 시험을 도입하게 되었습니다. 이 시험을 도입해도, 예전처럼 케임브리지는 지원자의 약 70-80% 학생에게 인터뷰 오퍼를 줍니다. 하지만 이 시험을 잘 쳐야 인터뷰 오퍼도 받고, 인터뷰 후 최종 오퍼를 받을 수 있습니다. 이 시험의 결과는 11월 말경에 발표되며, 발표 후 바로 인터뷰 오퍼 여부를 학생들에게 알려 줍니다. 인터뷰 오퍼를 받게 되면 12월 초에 인터뷰를 하게 되고, 1월 초에 최종 합격 여부가 결정됩니다.

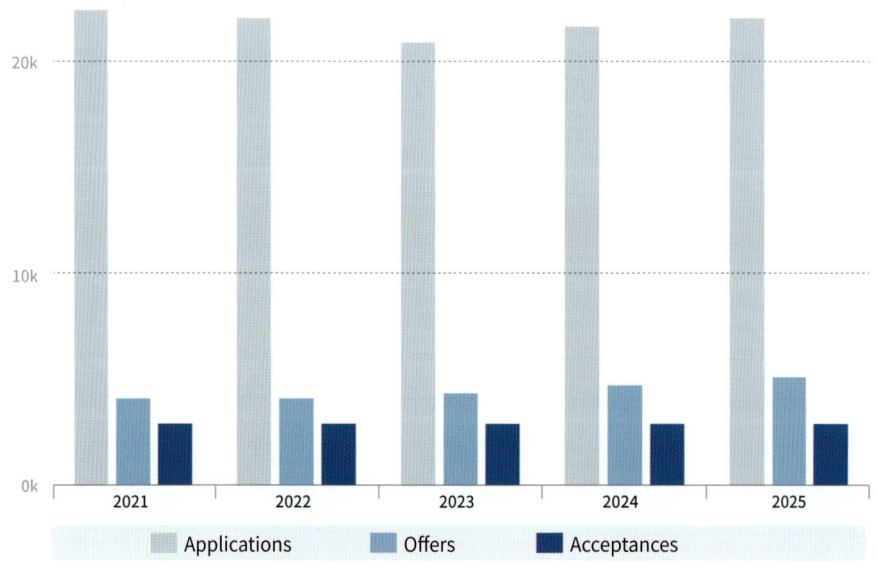

최근 5년간 케임브리지 대학 지원자수, 오퍼 받은 수, 최종 합격생 수

2021년에서 2025년 기간동안의 케임브리지 전체 지원자 수, 오퍼를 받은 수 그리고 최종 합격생 수를 그래프로 보실 수 있습니다. 전체 지원자 수는 22,000명 정도이며 최종 합격생 수는 3,600명 정도됩니다. 전체 경쟁률은 6:1 정도입니다. 오퍼를 받은 학생 수와 최종 합격생 수의 차이는 대학에서 요구하는 점수를 맞추지 못해서 최종적으로 입학에 실패한 숫자로, 오퍼를 받은 학생의 약 25%가 오퍼를 맞추지 못하고 있습니다. 케임브리지 지원자의 대부분은 예상 점수가 3A*1A 이상인 학생들이 많습니다. 물론 비인기학과의 경우 이보다 낮은 예상 점수로 지원을 합니다. 인기 학과의 경우 경쟁률은 훨씬 높아지고, 대학에서 요구하는 점수도 훨씬 높습니다. 인기 학과에 지원하려면 A-level, IB 시작 전에 계획을 세워서 A-level, IB 공부를 하기를 추천합니다. 2년 과정의 장기 계획, 첫 1년동안 (AS-level, IB 첫해)의 계획 그리고 첫 1년 동안 중에 텀별 세부계획을 잘 세우고 각 텀별로 어떤 것을 해야 하는지 챙기면서 A-level, IB 공부를 하는 것을 추천해 드립니다.

케임브리지 대학 인기 학과의 경쟁률과 입학 정보 및 전략에 대해서 설명해 드리겠습니다. 입학 전략은 필자의 26년 이상의 경험 (실패와 성공 사례)을 토대로 입학할 확률을 높이는 방법을 알려드리겠습니다.

Economics

A-level 요구 점수	A*A*A
IB 요구 점수	41-42 (776 HL)
필수 조건	A-level: Maths A* and/or Further Maths A* (칼리지 마다 다름)
	IB: HL Maths 7 or 조건없음 (칼리지 마다 다름)
	주: 3A*1A (A-level), 777 (IB HL) 요구하는 경우도 있음
	(대학에서 학생을 더 평가 원할때나 인터뷰 없이 pool로 오퍼를 줄 경우 3A*1A 요구하기도 함)

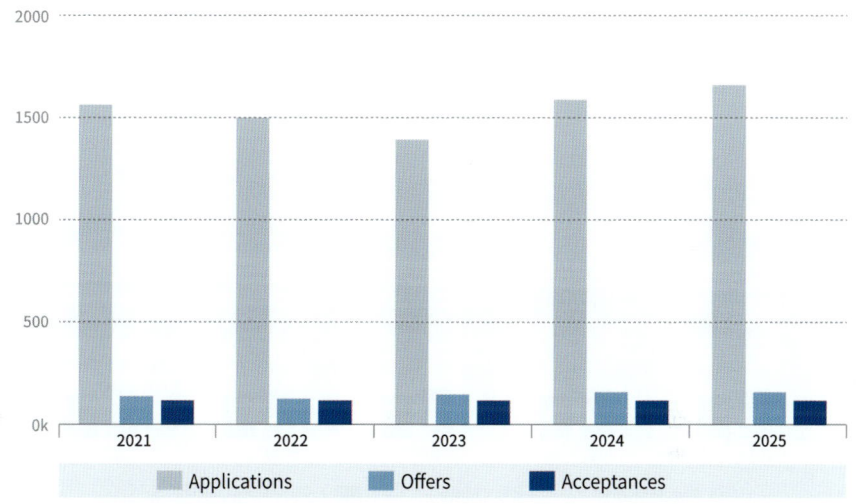

최근 5년간 케임브리지 대학 경제학과 지원자수, 오퍼 받은 수, 최종 합격생 수

2025 케임브리지 경제학과 지원자 수는 1,647명이며 최종 합격생 수는 164명입니다. 약 10:1의 경쟁률입니다. 한국 학생뿐 아니라 대부분의 외국 학생 (유학생의 절대적인 숫자를 차지하는 중국 학생 포함)이 이공계를 제외하고, 문과 학과 중 가장 가고 싶어 하는 학과가 경제학과입니다. 경제학과는 수학을 잘하는 학생을 선호합니다.

케임브리지 경제 학과에 입학하려면 무엇이 중요할까요?

첫째, 수학을 잘해야 합니다.
둘째, 에세이를 잘 써야 합니다 (영어 IELTS 8.0 (Writing)이상이면 유리)
셋째, 경제 관련 서적 독서를 꾸준히 하면 좋습니다.
넷째, 경제 관련 뉴스 등 현시대의 세계 경제, 영국 경제, 한국 경제 등 동향을 파악하고 있으면 좋습니다.

Engineering

A-level 요구 점수	A*A*A
IB 요구 점수	41–42 (776 HL)
필수 조건	Maths A* and/or Physics, Further Maths A* (칼리지 마다 다름)
	IB: HL Maths 7 (HL Physics 7 요구하는 칼리지있음, 칼리지 마다 다름)
	주: 3A*1A, 4A* (A-level), 777 (IB HL) 요구하는 경우도 있음
	(대학에서 학생을 더 평가 원할때나 인터뷰 없이 pool로 오퍼를 줄 경우 3A*1A 요구하기도 함)

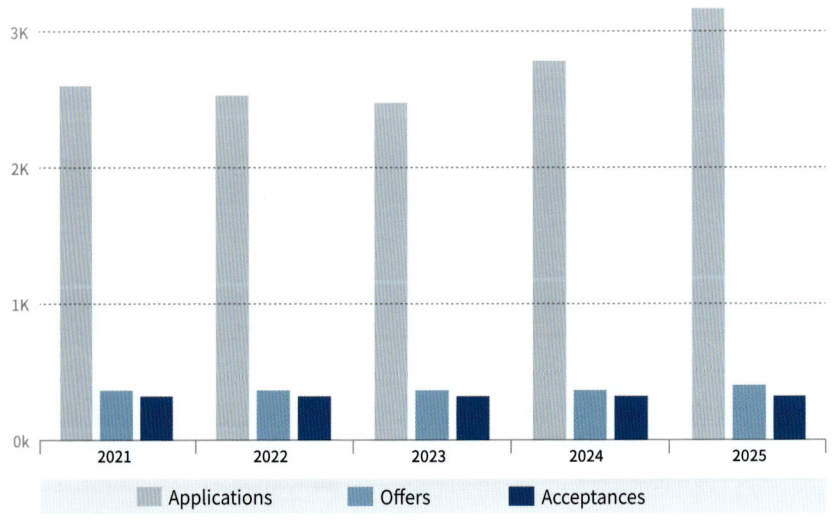

최근 5년간 케임브리지 대학 공학과 지원자수, 오퍼 받은 수, 최종 합격생 수

2025년 케임브리지 Engineering 지원자 수는 3,263명이며 최종 합격생 수는 335명 입니다. 약 10:1의 경쟁률 입니다. 케임브리지는 이공계가 세계에서 가장 좋은 학교 중 하나입니다. 그러다 보니, 이공계를 가려는 우수한 학생들이 케임브리지를 목표대학으로 합니다.

케임브리지 Engineering에 입학하려면 무엇이 중요할까요?

첫째, 수학 · 물리를 잘해야 합니다. 잘해야 한다는 것이 그냥 잘하는 정도의 수준이 아니라 학교 (상위권 학교 기준)에서 제일 잘하는 수준으로 보면 됩니다.

둘째, 각종 수학 · 물리 경시에 참여해서 상을 받으면 좋습니다. (예를 들면 UKMT Maths Challenge/Olympiad와 Physics Olympiad 등)

셋째, 지원할 학과와 관련된 서적, 저널 등을 통해 지식을 쌓아두면 좋습니다.

Mathematics

A-level 요구 점수	A*A*A
IB 요구 점수	41–42 (776 HL)
필수 조건	STEP II and III papers (Grade 1 이상),
	A-level: Maths A* and/or Further Maths A* (Physics A* 요구하는 칼리지 있음)
	IB: HL Maths 7 (HL Physics 7 요구하는 칼리지있음)

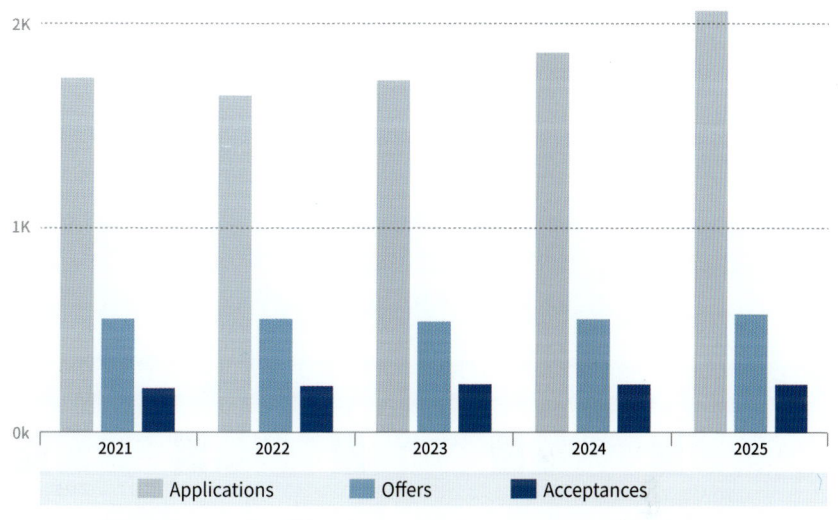

최근 5년간 케임브리지 대학 수학과 지원자수, 오퍼 받은 수, 최종 합격생 수

2025년 케임브리지 수학과의 지원자 수는 2,032명이며 최종 합격생 수는 258명입니다. 약 8:1의 경쟁률입니다. 수학과 통계를 보면 특이한 것을 볼 수 있습니다. 오퍼를 받은 학생 수와 최종 오퍼를 맞춘 학생 수의 차이가 다른 학과에 비해 큽니다. 2025년에 555명 학생들에게 오퍼를 주는데 오퍼를 맞추는 학생은 258명 오퍼를 받은 절반 이상의 학생들이 오퍼를 맞추지 못하고 있습니다. 여러 요인이 있겠지만, 가장 큰 이유는 STEP에서 오퍼를 맞추지 못하는 경우가 많습니다. 이런 이유로 케임브리지에 지원하려고 했던 지원자가 옥스퍼드 수학과로 지원을 하는 경우도 있습니다. (옥스퍼드 수학과는 STEP를 요구하지 않습니다.)

케임브리지 수학과에 입학하려면 무엇이 중요할까요?

첫째, 수학을 잘해야 합니다. (너무 당연한 얘기지만, 수학을 그냥 잘하는 수준이 아니라, 자기 학년에서 수학 실력이 압도적으로 좋으면 입학 할 확률 높습니다.)
둘째, 수학 경시 대회 등 참가해서 상을 받으면 좋습니다.
셋째, 어려운 수학 문제 (AEA, STEP 등)를 풀면서 수학 실력을 쌓으면 좋습니다.
넷째, 물리를 요구하는 칼리지가 있으니 물리도 열심히 공부합니다.

Medicine

A-level 요구 점수	A*A*A
IB 요구 점수	41-42 (776 HL)
필수 조건	A-level Chemistry A* and Biology/Physics/Maths 중 한 과목 A* (칼리지 마다 다름)
	IB: HL Chemistry 7 HL Biology/Physics/Maths 중 한 과목 7 (칼리지마다 다름)

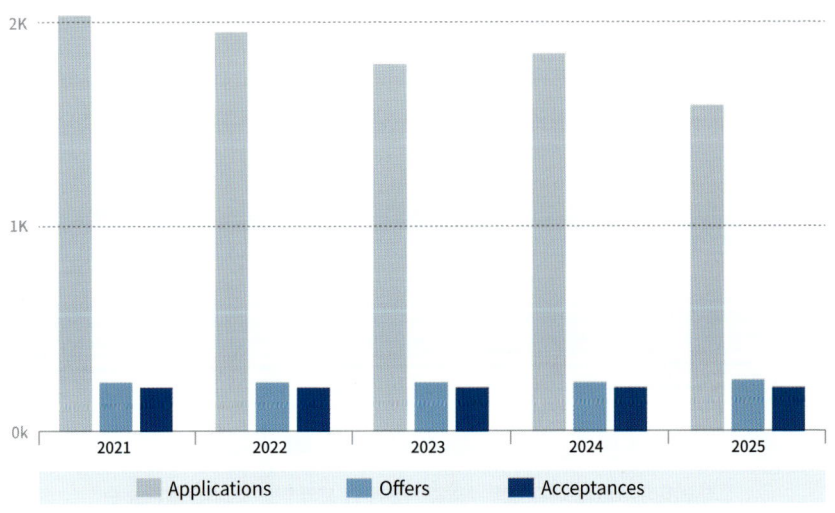

최근 5년간 케임브리지 대학 의학과 지원자수, 오퍼 받은 수, 최종 합격생 수

2025년 케임브리지 의대 지원자 수는 1,530명이며 최종 합격생 수는 270명 입니다. 약 6:1의 경쟁률입니다. 다른 학과에 비해 의대는 A-level, IB 점수 외에도 요구하는 것이 다양합니다. GCSE 성적, 병원에서 work experience나 자원봉사한 것 그리고 UCAT 시험을 쳐야 합니다. A-level 예상 점수가 아무리 높아도 UCAT 점수가 낮으면 인터뷰 오퍼가 오지 않습니다.

케임브리지
의대에
입학하려면
무엇이 중요할까요?

첫째, GCSE 성적이 좋아야 합니다.
둘째, 화학·생물을 잘해야 합니다
셋째, Chemistry/Biology Olympiad 상을 받으면 좋습니다.
넷째, 영어를 잘해야 합니다 (IELTS 7.5 이상 수준 요구)
다섯째, 평소 의학 관련 서적이나 저널 등을 읽으며 의학 지식을 쌓아둡니다.

UNIVERSITY OF OXFORD

옥스퍼드 대학 지원은 케임브리지처럼 칼리지 한 곳을 선택하고, 그 칼리지를 통해서 인터뷰를 하게 되며 최종 합격 여부가 결정됩니다. 옥스퍼드 대학 입학도 케임브리지 대학처럼 칼리지별로 독립적으로 운영된다고 보면 됩니다.

2025학년도 옥스퍼드 입학 절차는 아래 표와 같습니다.
해마다 옥스퍼드 대학의 입학 절차는 아래 표와 거의 같다고 보면 됩니다.

2025년도 옥스퍼드 대학 입학 절차

날짜	내용
9월 26일	Pre-interview시험 (TSA, MAT, PAT, BMSAT) 등록 마감/ LNAT (9월15일), UCAT (9월19일) 등록 마감
10월 15일	옥스퍼드 대학 원서 (UCAS) 마감
10월	MAT, PAT (22, 23일 시험), BMSAT, TSA (21-24, 27일 시험)
11월 10일	에세이 제출학과 에세이 제출 마감
11월 말	인터뷰 오퍼
12월 초/중순	인터뷰 실사
1월 13일	결과 발표
8월	A-level 결과 (결과에 따라 합격여부 최종 결정)
10월	오퍼 맞추면, 옥스퍼드 대학생

10월 15일에 대학 원서 (UCAS를 통해서 온라인으로 접수) 마감입니다. 옥스퍼드 대학은 전통적으로 pre-interview test가 있었으며, 이 시험의 결과를 바탕으로 인터뷰 오퍼를 줍니다. 옥스퍼드 pre-interview 시험은 11월 말경에 발표되며, 발표 후 바로 인터뷰 오퍼 여부를 학생들에게 알려줍니다.

인터뷰 오퍼를 받게 되면 12월 초, 중순에 인터뷰를 하게 되고, 1월 중순에 최종 합격 여부가 결정됩니다. 과 마다 차이는 있지만, 정원의 2-3배 정도의 숫자를 인터뷰에 초청합니다. 인터뷰에 초청이 되면 지원했던 칼리지에서 첫번째 인터뷰를 보게되며, 대부분의 학생은 다른 칼리지 1, 2곳에서 추가로 인터뷰를 보게 됩니다. 12월 인터뷰 후 1월에 최종 오퍼 여부를 받게 됩니다. 최종 오퍼를 받은 후 대학이 요구하는 점수를 A-level, IB 시험을 쳐서 맞추게 되면 최종 합격이 됩니다.

옥스퍼드는 케임브리지 처럼 자체 원서가 없으므로 예상 점수가 조금 낮아도 지원을 하는 학생들이 많습니다. 2024년도 옥스퍼드 대학 총 지원자 수는 약 23,061명이며 3,245명이 합격을 했습니다. 경쟁률은 약 7:1입니다. 2022-2024년 3년 동안 옥스퍼드에서 가장 경쟁이 치열한 학과는 다음과 같습니다.

최근 3년 동안 옥스퍼드에서 경쟁이 가장 치열한 학과들

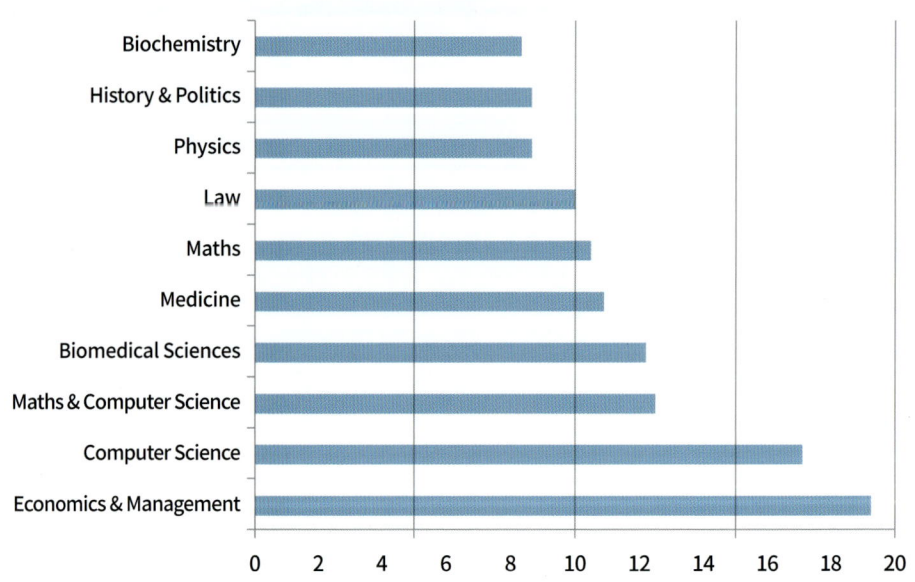

옥스퍼드 대학에서 경쟁이 가장 치열한 학과는 Economics & Management 로 무려 19.1:1의 경쟁률을 가집니다. 그 뒤를 이어 Computer Science가 17.2:1의 경쟁률로 입학이 치열합니다. 그 외 인기 학과들은 약 10:1의 어마어마한 경쟁률을 보여주고 있습니다.

옥스퍼드의 인기 학과 경쟁률이 왜 케임브리지 인기 학과의 경쟁률보다 높은지 필자의 관점에서 원인 분석을 해보면 다음과 같은 이유인 것 같습니다.

첫째, 옥스퍼드의 몇몇 학과는 통합과정인 과가 많습니다. 특히나 학생들에게 인기 많은 경제, 경영 과정을 E&M의 과정으로 통합하여 많은 학생들이 이 과정을 공부하고 싶어 합니다. 그 외 Maths & Computer Science, PPE (Philosophy, Politics, Economics) 등의 과정들도 학생들이 배우고 싶어하는 과정을 통합하여 학생들에게 인기가 많습니다.

둘째, 옥스퍼드는 케임브리지처럼 My Cambridge Application 라는 상세한 성적이 포함된 입학원서를 제출할 필요가 없습니다. 이런 이유로 성적이 좋긴 하지만 약간 애매한 성적일 경우에는 케임브리지보다는 옥스퍼드를 지원하는 경향이 있는 것 같습니다. 실제로 필자가 옥스브리지 컨설팅할때, 성적이 최상급이 아니면 옥스퍼드로 지원해보는 것이 어떻냐고 조언을 합니다. 일반적으로 학교에서도 이렇게 컨설팅을 하기도 합니다.

셋째, 대부분의 인기 학과에서 케임브리지의 입학 요구 점수가 높습니다. 그래서 학생들이 옥스퍼드가 케임브리지보다 입학점수를 좀 더 쉽다고 생각해서 지원하는 경우가 많습니다.

그 외 다양한 이유가 있겠지만, 위에 언급한 이유로 옥스퍼드에 지원해보면 좋겠다는 생각으로 지원하는 학생들이 있습니다. 실제 최근 몇 년간의 한국 학생들 지원자 수를 비교해보면 옥스퍼드 지원자가 많은 것을 알 수 있습니다. 물론 성적과 관계없이 옥스퍼드를 더 가고 싶은 학생들이 있겠지만, 성적과 관계없이 케임브리지를 더 가고 싶은 학생들도 있습니다. 이런 학생들의 숫자는 비슷할 것이라고 생각합니다. 2015년도 옥스퍼드 대학 한국 학생 지원자 수는 179명, 케임브리지 대학 한국 학생 지원자 수 는 105명이며, 2016년도 옥스퍼드 대학 한국 학생 지원자 수는 207명, 케임브리지 대학 한국 학생 지원자 수는 125명으로 옥스퍼드가 훨씬 많은 수의 학생이 지원하는 것을 통계로 알 수 있습니다.

옥스퍼드 대학 인기 학과의 입학 정보 및 전략에 대해서 설명해 드리겠습니다. 입학 전략은 필자의 25년 이상의 경험 (실패와 성공 사례)을 토대로 입학할 확률을 높이는 방법을 알려드리겠습니다.

Economics & Management (E&M)

A-level 요구 점수	A*AA
IB 요구 점수	39 (766 at HL)
필수 조건	A-level Maths A* or A, IB HL Maths (6 or 7)
	Pre-interview test: Think Skills Assessment (TSA)

옥스퍼드에서 경쟁률이 가장 높은 학과임에도 불구하고, 대학에서 요구하는 입학 점수는 낮습니다. A-level, IB 점수가 높다고 입학을 잘할 수 있는 것은 아닙니다. 이 학과에 입학하기 위해 TSA 라는 pre-interview 시험과 인터뷰를 잘해야 최종오퍼를 받을 수 있습니다. 이런 과정을 통과 한 학생들이라 옥스퍼드에서 A-level, IB 에서 입학에 필요한 점수를 높지않게 합니다.

옥스퍼드 E&M에 입학하려면 무엇이 중요할까요?

첫째, 필수 요구 과목으로 수학을 원하니 수학을 잘해야 합니다.
둘째, 학과 특성상 영어를 잘해야 합니다 (IELTS 8.0 이상).
셋째, 지원할 학과와 관련된 서적, 저널 등을 통해 지식을 쌓아두면 좋습니다. (인터뷰때 많은 도움이 됩니다)
넷째, GCSE 성적이 좋으면 유리합니다.
(가능한 많은 과목에서 8, 9 이상 또는 A* 이상을 받으면 좋습니다)

Biochemistry

A-level 요구 점수	A*AA
IB 요구 점수	39 (766 at HL)
필수 조건	A-level A* in Maths, Physics, Chemistry or Biology, IB HL Chemistry 7
	Pre-interview test: 없음

옥스퍼드 대학의 대부분의 학과에서는 pre-interview test를 치며 그 결과를 바탕으로 인터뷰 오퍼를 줍니다. Biochemistry는 pre-interview test가 없으며, 예상 점수, 자기소개서 그리고 추천서를 통해서 인터뷰 오퍼를 줍니다.

옥스퍼드 Biochemistry에 입학하려면 무엇이 중요할까요?

첫째, 필수 요구 과목으로 화학, 생물 등을 요구하니 요구하는 점수의 과목을 잘해야 합니다.
둘째, Pre-interview test 가 없으므로 GCSE 성적이 좋아야 합니다.
셋째, 지원할 학과와 관련된 서적, 저널 등을 통해 지식을 쌓아두면 좋습니다. (인터뷰 때 많은 도움이 됩니다)
넷째, Pre-interview test가 없어 상대적으로 인터뷰의 비중이 크므로 인터뷰 준비 (특히 화학)를 철저히 잘해야 합니다.

Engineering Science

A-level 요구 점수	A*A*A
IB 요구 점수	40 (776 HL)
필수 조건	A-level Maths A* in Maths, Physics or Further Maths
	IB HL 7 in Maths and Physics
	Pre-interview test: Physics Aptitude Test (PAT)

옥스퍼드에서 Engineering 은 옥스퍼드 대학에서 입학 요구 점수가 가장 높은 학과 중 하나입니다. 케임브리지 Engineering에 비해 상대적으로 입학하기가 쉬운 편입니다. Engineering 전공을 하려는 최상위권 학생들 대부분은 케임브리지에 지원하는 경향이 있습니다. 최상위권 학생들이 케임브리지에 많이 지원하기는 하지만 옥스퍼드 대학 Engineering에 입학하는 과정도 몇 단계를 거쳐야 하므로 쉽지않으니 준비를 잘 해야합니다.

옥스퍼드 Engineering Science에 입학하려면 무엇이 중요할까요?

첫째, 필수 요구 과목으로 수학, 물리를 원하니 수학, 물리를 잘 해야 합니다.

둘째, Pre-interview test인 PAT 점수가 최종 입학에 상당한 영향을 주므로 PAT 준비를 철저히 해야 합니다. PAT 시험은 수학이나 물리 공식, data sheet를 제공하지 않으므로, 중요한 공식이나 data는 외워두어야 합니다.

셋째, 지원할 학과와 관련된 서적, 저널 등을 통해 지식을 쌓아두면 좋습니다. (인터뷰 때 많은 도움이 됩니다)

넷째, GCSE 성적이 좋으면 유리합니다. (가능한 많은 과목에서 8, 9 이상 또는 A* 이상을 받으면 좋습니다)

Philosophy, Politics and Economics (PPE)

A-level 요구 점수	AAA
IB 요구 점수	39 (776 HL)
필수 조건	Pre-interview test: Thinking Skills Assessment (TSA)

옥스퍼드에서 Philosophy, Politics and Economics는 PPE로 더 잘 알려진 학과입니다. 한국 학생들이 옥스퍼드에서 가장 가고 싶은 학과 중 하나입니다. 학과의 이름처럼 이 학과를 졸업하면 다양한 분야 (금융, 정치, 법, 정책 관련 등)로 진출할 수 있습니다. 이 학과는 다른 학과처럼 A-level, IB 과목의 필수 과목을 요구 하지 않지만, Maths와 History 과목을 하면 좋다고 하니 이 과목을 선택해서 공부하면 좋겠습니다. 그리고 Economics도 선택하면 대학 가서 공부하기가 좋을 것이니 Economics도 선택하기를 추천합니다.

옥스퍼드 PPE에 입학하려면 무엇이 중요할까요?

첫째, 수학, 역사, 경제 과목을 선택해서 공부하세요.

둘째, 학과 특성상 영어를 잘해야 합니다. (IELTS 8.0 이상)

셋째, 지원할 학과와 관련된 서적, 저널 등을 통해 지식을 쌓아두면 좋습니다. (인터뷰때 많은 도움이 됩니다)

넷째, GCSE 성적이 좋으면 유리합니다. (가능한 많은 과목에서 8, 9 이상 또는 A* 이상을 받으면 좋습니다)

Mathematics

A-level 요구 점수	A*A*A
필수 조건	A-level Maths A* in Maths and Further Maths, IB HL 7 in Maths
IB 요구 점수	39 (766 HL)

Pre-interview test: Mathematics Admission Test (MAT)

옥스퍼드에서 수학과는 케임브리지 수학과에 비해 상대적으로 입학하기가 쉬운 편입니다. 수학을 전공하려는 최상위권 학생들 대부분은 케임브리지에 지원하는 경향이 있습니다. 그리고 옥스퍼드 수학과의 최종 오퍼에 STEP이 없어, 오퍼를 맞추기가 쉬운 편이라 최상위권 학생들 외에도 상위권 학생들도 지원을 많이 하는 편입니다. 그렇지만 옥스퍼드 수학과에 합격하려면 MAT 시험과 인터뷰를 통과해야 하므로 준비를 잘 해야 합니다.

옥스퍼드 수학과에 입학하려면 무엇이 중요할까요?

첫째, 필수 요구 과목이 수학이고 수학과이니, 수학을 잘해야 합니다.
그냥 수학을 잘하는 수준이 아니라 경시 수학 등, 교과서 범위를 벗어나는 부분의 수학도 잘 하면 좋습니다.

둘째, Pre-interview test인 MAT 점수가 최종 입학에 상당한 영향을 주므로 MAT 준비를 철저히 해야 합니다. MAT 시험은 수학 공식을 제공하지 않으므로, 중요한 공식은 외워두어야 합니다.

셋째, 지원할 학과와 관련된 서적, 저널 등을 통해 지식을 쌓아두면 좋습니다.
(인터뷰때 많은 도움이 됩니다)

넷째, GCSE 성적이 좋으면 유리합니다.
(가능한 많은 과목에서 8, 9 이상 또는 A* 이상을 받으면 좋습니다)

THE OXFORD & CAMBRIDGE ADMISSION STRATEGY

케임브리지, 옥스퍼드 입학전략

케임브리지, 옥스퍼드 입학을 위한 공통 사항을 정리해보면 다음과 같습니다.

- 원서 마감은 10월 15일
- 한 곳의 칼리지를 선택
- **A-level/IB의 좋은 예상 점수 (필수)**
- 뛰어난 GCSE 성적
- **인터뷰를 잘해야 함 (필수)**
- **좋은 Pre-interview 시험 결과 (필수)**
- EPQ (Extended Project Qualification)
- 각종 경시 대회 상
- 잘 쓴 자기소개서
- 좋은 추천서

케임브리지와 옥스퍼드에 동시에 지원할 수 없습니다.
두 대학 중 한 곳만 지원 가능합니다. 여러 가지 사항 중 필수라고 된 것
(예상점수, Pre-interview 시험, 인터뷰)은 잘 해야 합니다.
이 중 하나라도 못 하면 오퍼를 받을 수 없습니다.

케임브리지와 옥스퍼드 인터뷰

의·치대를 제외하고 인터뷰를 꼭 해야 하는 하는 학교는 케임브리지와 옥스퍼드입니다. (그 외 대학 중 임페리얼이 인터뷰를 하는 학과도 있습니다. 임페리얼 인터뷰의 경우, 케임브리지나 옥스퍼드처럼 어렵지 않습니다.) 케임브리지, 옥스퍼드에서 주요 학과의 인터뷰를 할 때 질문하는 문제들에 대해 알려드리겠습니다.

University of Cambridge
INTERVIEW

케임브리지 대학의 인터뷰는 최종 오퍼를 받는데 아주 중요한 요소입니다. 아무리 A-level, IB 점수가 좋아도 인터뷰를 못하면 오퍼를 받을 수 없습니다. 인터뷰가 중요한 만큼, 평소 기본 실력을 잘 다져두고, 인터뷰 오퍼를 받으면 제대로 준비를 잘해서 인터뷰에 참석해야 합니다. 학생들마다 인터뷰 때 받는 문제들은 다릅니다. 하지만 대부분의 문제는 학과별로 비슷한 유형으로 나옵니다. 자기소개서나 제출된 에세이(만약 에세이를 사전에 제출하는 칼리지의 경우)에 대해 물어봅니다. 학과마다 다르지만, 대부분의 경우 2번의 인터뷰를 합니다. 각 인터뷰는 20~45분 정도 합니다. 인터뷰는 크게 General interview와 Academic interview로 나누어집니다. General interview는 자기소개서의 내용에 대해 질문하거나, Why Cambridge? Why this subject? 또는 미래에 뭘 하고 싶은지 등에 대한 질문 등을 합니다. General interview의 예상 질문에 대한 답변은 미리 준비가 가능합니다. Academic interview는 전공 관련한 질문들을 합니다. 이 인터뷰가 어려우며, 준비하기가 쉽지 않습니다. 하지만 어떤 스타일의 질문을 하는지 사전에 숙지하여 준비를 하면 실제 인터뷰에서 많은 도움이 됩니다. 여기에 소개할 인터뷰 문제는 Academic interview이며, 학생들이 실제로 인터뷰 때 질문 받은 내용입니다. 주요 학과 위주로 간단 하게 소개해 드리겠습니다.

Economics

- Asked various questions about globalisation (such as a definition for it and the issues surrounding it)
- Why are rich countries rich and poor countries poor?
- Would more doctors or more lawyers be better in the world?
- How do you measure happiness?
- Asked about the WTO and its implications on political systems in capitalist and socialist systems.
- What factors do you think influence consumption patterns?

그 외 수학 미, 적분 문제, 그래프 그리는 문제 등을 인터뷰에서 질문하곤 합니다.

Engineering

- Come up with a rule for nth derivative of 1/x
- Draw graph of e.g. (2x+3)/(x^2+1)
- Argon and Helium, same amount of moles, both heated, which moves more quickly?
- Why is copper red and aluminium white(ish)?
- How do metals conduct heat?
- Why do aeroplanes tilt to turn corners?
- If you had a cylinder, sealed at both ends, with the pressure rising inside, would it blow at the end or split along the side first?

학과 특성상 수학, 물리 위주로 질문을 합니다.

Mathematics

- Sketch y=x^2/(x^2-2x-3)
- Sketch y=x^x
- How many zeros at the end of 30!.
- Draw graphs of: y=sin(1/x), y=x*sin(1/x), y=(x^3)sin(1/x)
- Prove for a 3 digit number that if the sum of the digits is a multiple of 3, the 3 digit number is a multiple of 3.
- Prove that root 2 is irrational number
- Prove 1+1/2+1/3+...+1/1000<10.
- What is the integral of x squared multipied by the cosine of x cubed?
- How many squares can be made from a grid of ten by ten dots (ignore diagonal squares)?

수학 문제 외에도 물리나 물리와 연관된 Mechanics 문제도 질문합니다.

Medicine

- Why do you want to become a doctor and what the positives and negatives of life as a doctor?

- How is blood returned to the heart?

- What is negative feedback? Give an example of negative feedback. Explain the antagonistic roles of insulin and glucagon.

- What is an isotope? Why are some isotopes unstable? What radioactive particles does the tritium isotope emit?

- What disease in the UK is the biggest killer?

- What diseases are associated with obesity? What cancers are associated with obesity? Why? What causes diabetes?

- Various pictures (a brain scan, a LM of small intestine, an EM of a pancreas cell) were shown and interviewers asked questions about them, and then on the theory and principles behind them - e.g. protein structure and synthesis for the pancreatic one.

- What are links between cancer and stem cells? How does a cell know when to die? How does a DNA signal tell a cell to die.

- Which of these organs do you think it would be easiest to transplant? Why? Which would be the most difficult? Why?

- What are the main problems associated with the NHS? How could we combat these problems?

의대 인터뷰는 화학, 생물 그리고 의학에 관한 질문들 위주로 나옵니다.

University of Oxford
INTERVIEW

케임브리지와 마찬가지로 옥스퍼드도 인터뷰는 오퍼를 받는데 아주 중요한 요소입니다. 아무리 A-level, IB 점수가 좋아도 인터뷰를 못하면 오퍼를 받을 수 없습니다. 인터뷰가 중요한 만큼, 평소 기본 실력을 잘 다져두고, 인터뷰 오퍼를 받으면 제대로 준비를 잘해서 인터뷰에 참석해야 합니다.

학생들마다 인터뷰 때 받는 문제들은 다릅니다. 하지만 대부분 학과별로 비슷한 유형의 문제가 나옵니다. 자기소개서나 제출된 에세이(만약 에세이를 사전에 제출하는 칼리지의 경우)에 대해 물어봅니다. 학과마다 다르지만, 옥스퍼드는 처음 선택한 칼리지에서 인터뷰를 한 번만 하는 경우도 있고, 때로는 선택하지 않은 다른 칼리지 1곳에서 인터뷰를 한 번 더 하기도 합니다. 아주 드문 경우이기도 하지만 3곳의 칼리지에서 인터뷰를 하는 경우도 있습니다. General interview는 자기소개서의 내용에 대해 질문하거나, Why Oxford? Why this subject? 또는 미래에 뭘 하고 싶은지에 대한 질문 등을 합니다. General interview의 예상 질문의 답변은 미리 준비가 가능합니다. Academic interview는 전공 관련한 질문들을 합니다. 이 인터뷰가 어려우며, 준비하기가 쉽지 않습니다. 하지만 어떤 스타일의 질문을 하는지 사전에 숙지하여 준비를 하면 실제 인터뷰에서 많은 도움이 됩니다.

다음에 소개할 인터뷰 문제는 academic interview이며, 학생들이 실제로 인터뷰 때 질문받은 내용입니다. 주요 학과 위주로 간단하게 소개해 드리겠습니다.

Economics and Management

- There are 2 economists who are going to predict the headline rate of inflation. One is called Bob (who is old, more experienced, and has been correct 50% of the time). The other is Alan (who has just graduated from university and is familiar with the latest statistical techniques used to make economic forecasts. He is not very experienced, and has also been correct 50% of the time.) Which economist will you believe and why?

- Why should Britain join the Euro?

- What is a public good? Why is a public good something which has to be provided by the government and not by the private sector?

- What are the disadvantages of the regulation of Privatised Industries?

- You are a buyer and want to buy a car. There is a seller, with a used car worth 1000 and a new car worth 2000. These are worth

1100 and 2100 to you. How much are you willing to pay for each car? If you didn't know what type of car it was, then how much would you be willing to pay?

Engineering

- How does a wind turbine work?

- Maths questions about sketching unfamiliar function graphs, mechanics and integration

- Maths questions about logs & differentiation and then a physics question about thermal heat

- Energy question about an at graph of a plane taking off

- Sketch $y=\cos(x)$ and $y=\cos(2x)$, then shade the area represented by the integral of $\cos(x)$ from pi to zero

- Physics questions about the power dissipated in a circuit and to analyse the resistance in a light bulb and how it changes over time etc.

- Question about circular motion.

- Question on capacitors: draw graphs of current voltage charge against time

학과 특성상 수학, 물리 위주로 질문을 합니다.

Mathematics

- Draw $\ln x/x$ and use this to solve $a^b=b^a$

- Prove that 7^n-4^n is divisible by 3

- What is the last digit of 17^{23}?

- How many solutions does $|x+1| = |x-1|$ have?

- How many soltuions does $e^{x^2}=x$ have?

- Draw $y^2 = \sin x$

- Sketch the graph of $y = x^3 - x$. How does it change if $y = |x^3 - x|$?

- How many different types, and numbers, of rotations on axis of symmetry can you have for a cube?

- Find which is the larger of e^{π} and π^e.

Medicine

- Asked about X rays and how they work

- How to deal with a patient who is scared about an operation?

- Asked questions on the heart, cancer treatment, HGH, diabetes, latest news on medicine.

- Why is a column of falling water, eg from a tap, thicker at the top and thinner at the bottom?

- Why do babies get colder than adults?

- What one thing would you do to improve the NHS?

- Maths: prove root 2 is irrational. Physics: if you tie a helium balloon in a car, how the balloon's motion in the car is moving, etc. Chemistry: describe a drug/medicine you know and how it functions. Biology: if I have a new medicine, it functions well during experiments, but when a patient eats it, it is functionless, why?

- Why is the Galapogas islands good to study evolution,

- How does a plane fly? Why should we get rid of poverty?

- Explain the distribution of AIDS.

의대 인터뷰는 의학 (화학, 생물)에 관한 질문들 위주로 나오지만, 간혹 수학, 물리 인터뷰가 나오기도 합니다.

THE OXBRIDGE CONSULTING
옥스브리지 컨설팅

CEC ACADEMY는 한영호 원장 (영국 입시 25년 이상 경험)은
수많은 학생들을 케임브리지, 옥스퍼드에 입학 시켰습니다.
케임브리지, 옥스퍼드 입학에 필요한 정보 및 전략을 맞춤형으로 컨설팅 제공합니다.
컨설팅을 통해 치열한 경쟁률에서 입학의 확률을 최대한 높이는 기회를 가지기를 바랍니다.

옥스브리지 컨설팅 내용

- 현재 성적으로 케임브리지 또는 옥스퍼드 지원 가능한지?
- 내 성적으로 어디에 지원하면 입학률이 더 높은지?
- 내가 지원할 학과를 가려면 어떤 것들을 준비해야 하는지?
- 합격한 학생들은 어떻게 공부하며 어떤 것을 준비했었는지?
- 칼리지 선택하는 방법
- 입학 시험 (Pre-interview test) 언제부터 어떻게 준비하면 되는지?
- 인터뷰 준비는 언제 어떻게 준비하면 되는지?
- 케임브리지나 옥스퍼드 외 다른 학교 4곳 선택 어떻게 하는지?

03

영국 의대, 치대 입학 정보 및 입학 전략

- 영국 의대 입학 정보 및 전략
- 영국 치대 입학 정보 및 전략
- UCAT 소개
- CEC 아카데미 의대, 치대 프로젝트 특장점

영국의대, 치대
입학 정보 및
입학전략

의대 입학을 위한 필수 조건들이 몇 가지 있습니다. 필수 조건 중에는 GCSE 성적, A-level 성적 그리고 UCAT 점수가 좋아야 합니다. 이 조건 들을 다 갖춰도 인터뷰를 못 하면 최종 오퍼를 받을 수 없습니다. 의대 입학을 위해서 성적 외에도 UCAT 그리고 인터뷰를 잘해야 합니다. 주요 대학별 A-level, IB필수 과목 및 요구 점수를 알려드리겠습니다.

영국 의대 지역별 분포 지도

영국 주요 의대 A-level, IB 요구 사항 및 점수

대학	A-level 점수	IB 점수	필수과목
Cambridge	A*A*A	41-42, 776 HL	화학 필수. 생물, 물리, 수학 중 한 과목 해야 함
Oxford	A*AA	39, 766 HL	화학 필수. 생물, 물리, 수학 중 한 과목 해야 함
Imperial	AAA	39, 76 HL	화학, 생물 필수
UCL	A*AA	39, 766 HL	화학, 생물 필수
KCL	A*AA	38, 766 HL	화학, 생물 필수
Queen Mary	A*AA	37, 666 HL	화학 또는 생물 필수. 물리, 수학 중 한 과목 해야 함
Bristol	AAA	36, 666 HL	화학 필수
Exeter	A*AA	38, 766 HL	화학, 생물 필수
Cardiff	AAA	36 (TOK, EE 제외), 76 HL	화학, 생물 필수
Nottingham	AAA	34, 666 HL	화학, 생물 필수
Southampton	AAA	36, 666 HL	생물 필수. 화학, 물리 중 한과목 해야 함
Manchester	AAA	36, 666 HL	화학 또는 생물 필수
Birmingham	A*AA	32, 766 HL	화학 필수. 생물, 물리, 수학 중 한 과목 해야 함

학교	전체정원	외국학생	학교	전체정원	외국학생
Aberdeen	298	19	Leeds	278	16
Barts and the London	311	24	Leicester	293	18
Birmingham	400	28	Liverpool	332	23
Brighton and Sussex	200	10	Manchester	397	28
Bristol	254	19	Newcastle	367	26
Cambridge	353	22	Nottingham	375	25
Cardiff	300	25	Oxford	157	14
Dundee	170	16	Plymouth	173	10
East Anglia	208	13	Queen's Belfast	272	36
Edinburgh	266	21	Sheffield	291	18
Glasgow	241	20-25	Southampton	216	18
Hull York	231	11	St Andrew's	225	30
Imperial	345	74	St George's	184	19
Keele University	164	10	UCL	334	24
KCL(King's)	430	30			

2024-2025년 영국 의대 정원과 외국 학생 정원
(주: 입학 정원은 학교마다 매년 달라질 수 있습니다)

영국 의대는 외국 학생에게 전체 정원의 약 7.5% 정도 자리를 줍니다. 위에서 보는 것처럼 학교마다 영국 학생이나 외국 학생을 선발하는 숫자는 다양합니다. 모든 영국 의대에서 외국 학생들의 경쟁이 영국 학생들보다 훨씬 높습니다. UCL의 경우 2020년도 외국 학생들의 경쟁률은 34:1 이며 영국 학생들의 경우 6:1 이였습니다. 외국 학생이 영국 학생보다 의대 입학하기가 훨씬 어려운 것을 알 수 있습니다. 일반적으로 외국 학생들의 경쟁률은 10:1 이상으로 아주 높으니 합격을 위해서는 A-level, IB 성적외에도 UCAT, 인터뷰 등을 잘 준비해야 합니다.

2025년 UCAT의 시험 일정은 다음과 같습니다.

06월 17일: 시험 등록
07월 07일: 시험 시작
09월 19일: 시험 등록 마감
09월 26일: 시험 마감

UCAT

해마다 시험 일정은 비슷합니다.
UCAT 시험은 컴퓨터로 시험을 봅니다. 시험 결과는 시험은 친 날 바로 나옵니다.

UCAT 시험은 Pearson VUE test centre에서 시험을 칩니다. 이 시험 센터는 전세계 130 여개국에 있습니다. UCAT 시험이 얼마나 중요한지 실례를 알려드리겠습니다. 한영호 원장 (영국 입시 25년 이상 경험)은 수많은 학생들은 케임브리지, 옥스퍼드에 입학 시켰습니다. 케임브리지, 옥스퍼드 입학에 필요한 정보 및 전략을 맞춤형으로 컨설팅 제공합니다. 컨설팅을 통해 치열한 경쟁률에서 입학의 확률을 최대한 높이는 기회를 가지기를 바랍니다.

대학마다 UCAT 결과를 인터뷰 오퍼에 사용하는 방식이 다릅니다. 예를 들어, 대부분의 영국 의대들은 UCAT 점수, 학업 성취도 (A-level, IB 예상 점수), 자기소개서, 추천서 등을 모두 고려해서 인터뷰 오퍼를 줍니다. 노팅엄 의대의 경우에는 GCSE와 UCAT 점수를 바탕으로 인터뷰 오퍼를 줍니다. GCSE 점수가 없는 경우에는 UCAT 점수만을 바탕으로 인터뷰 오퍼를 줍니다. UCAT 점수는 인터뷰 오퍼 줄 때 외에도 최종 오퍼를 줄 때도 사용되므로 좋은 점수를 받으면 오퍼 받을 가능성이 아주 높아집니다. 거의 모든 영국 의대는 최종 오퍼를 줄 때 인터뷰 점수, UCAT 점수, 학업 성취도 (GCSE, A-level, IB 등) 등을 바탕으로 합니다. 거의 대부분의 영국 의대들은 UCAT SJT Band 4를 받으면 아무리 학업 성취도가 우수해도 자동으로 탈락시킵니다. UCAT가 어떤 시험인지 알아보도록 하겠습니다.
UCAT 시험 구성은 아래 표와 같습니다.

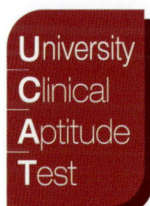

Section	Questions	Timing	Scoring
Verbal Reasoning	44	22minutes	300-900
Decision Marking*	35	37minutes	300-900
Quantitative Reasoning	36	26minutes	300-900
Situational Judgement	69	26minutes	Band 1-4

UCAT 시험 구성은 크게 4개의 섹션으로 구분되어있습니다. 시험 구성상 빠른 독해와 올바른 판단력을 필요로 합니다. 섹션 1-3는 300-900점의 점수를 주게 되며, 섹션 4는 4개의 band로 나누어져 있습니다.
- 섹션 1: Verbal Reasoning- 문장의 독해 능력 평가
- 섹션 2: Quantitative Reasoning- 수학적 능력 평가
- 섹션 3: Decision Making- 문제 해결 능력 평가
- 섹션 4: Situational Judgement- 상황별로 의사로서 어떻게 판단을 내려야하는지 의사 자질 평가

Decile Rank	2025 Final Scores	2025 percentile
1st	1580	10th (하위 10%)
2nd	1680	20th
3rd	1760	30th
4th	1820	40th
5th	1880	50th
6th	1950	60th
7th	2010	70th
8th	2100	80th
9th	2220	90th (상위 10%)

	2025
Number of candidates	41,354
Band 1	21%
Band 2	39%
Band 3	29%
Band 4	10%

2025년 UCAT 점수 분포표

UCAT 총점은 2700점 (섹션 1-3)이며 상위 10% 점수는 2220점 (각 섹션 730점대 점수)입니다. 2025년 UCAT 총점 평균 점수는 1891점이었습니다. Situational Judgement는 4개의 band (band1이 가장 높고, band4가 가장 낮음)로 점수를 분류합니다.

영국 의대 입학을 위한 조언

- 높은 GCSE 점수 (특히 수학, 영어, 물리, 화학, 생물)
- 높은 A-level/IB 예상 점수
- 높은 UCAT점수
- 잘 쓴 자기소개서 (의사가 왜 되고 싶은지에 대해 잘 써야 합니다.)
- 병원에서 Work experience, 봉사 활동
- 인터뷰 잘해야 함

영국 치대 입학 정보 및 입학 전략에 대해 안내해 드리겠습니다.

영국에는 총 16개의 치대가 있습니다.

University of Dundee	University of Liverpool
Queen Mary, University of London	King's College London
University of Manchester	University of Cardiff
Plymouth University	University of Bristol
University of Aberdeen	University of Central Lancashire
Queen's University of Belfast	University of Leeds
University of Birmingham	University of Sheffield
University of Glasgow	University of Newcastle

주요 치대의 A-level/IB, GCSE 입학 점수 및 요구 사항은 다음과 같습니다.

영국 주요 치대의 GCSE, A-level, IB 요구 점수

대학	A-level 점수	GCSE	특이사항
KCL	A*AA	Maths, English Language 6 이상	화학, 생물 필수
Queen Mary	A*AA	777666 Che, Bio, Maths, Eng Lang	화학, 생물 필수
Birmingham	AAA	88 Che, Bio, 77 Maths, Eng	화학, 생물 필수
Dundee	AAA	66Maths, Eng	화학, 생물 필수
Manchester	AAA	최소 7과목에서 7 (A) 이상	화학, 생물 필수
Liverpool	AAA	666 Sci, Maths, Eng Lang, 8 이상 5과목	화학, 생물 필수
Bristol	AAA	Maths 7 이상	화학, 생물 필수
Leeds	AAA	666666 Che, Bio, Maths, Eng Lang	화학, 생물 필수
Cardiff	AAA	Eng Lang 6 이상, Bio, Che 7 이상	화학, 생물 필수
Sheffield	AAA	Sci, Maths, Eng Lang, 6 이상	화학, 생물 필수

대학	IB	특이사항
KCL	38, 766 HL	화학 또는 생물 필수. 물리, 수학, 심리학중 한과목 HL 해야 함
Queen Mary	37, 666 HL	화학 또는 생물 필수. 물리, 수학 중 한과목 HL 해야 함
Birmingham	32, 666 HL	화학, 생물 필수
Dundee	37, 666 HL	화학, 생물 필수
Manchester	36, 766 HL	화학, 생물 필수

대학	IB	특이사항
Liverpool	36, 666 HL	화학, 생물 필수
Bristol	36, 666 HL	화학, 생물 필수
Leeds	35, 666 HL	화학, 생물 필수
Cardiff	36, 666 HL	화학, 생물 필수
Sheffield	36, 66 HL	화학, 생물 필수

거의 모든 치대는 의대처럼 A-level/IB 화학, 생물의 점수를 요구합니다. 모든 치대는 A-level/IB 화학을 필수 과목으로 A/A* 점수를 필요로 합니다. IB는 화학, 생물을 HL로 해야 하며 6 이상을 요구합니다. 대부분의 치대에서는 GCSE 수학, 영어, 과학 과목에서 어느 정도 이상의 점수를 요구합니다. GCSE 성적이 요구 점수보다 낮은 경우에는 지원을 할 수 없는 대학도 있고, 불리 할 수 있으므로, GCSE 성적이 낮거나, GCSE 성적 없는 경우에는 학교에 꼭 문의해봐야 합니다. GCSE 성적이 없는 경우에는 GCSE와 동등한 시험이나 학교 성적을 요구하는 경우가 많습니다.

만약 GCSE 성적이 낮은 경우에는 상대적으로 GCSE 특정 과목의 요구 점수가 낮거나, GCSE 성적을 적게 보는 치대들이 있으니 지원 전에 지원할 학교의 확인이 필요합니다. A-level 제도가 변경된 후 많은 치대들이 GCSE 성적을 예전보다 훨씬 중요하게 생각하고 있습니다. 특히, 수학, 영어 (Language), 화학, 생물 과목의 특정 점수 이상의 성적을 요구하는 대학들이 많으므로 이 과목들을 잘 해야 합니다. 거의 모든 치대는 시험을 한 번만 친 성적을 요구하는 곳이 많으므로 다시 시험을 쳐서 성적을 좋게 만들어 온 것을 인정하지 않습니다. 치대는 입학 조건이 복잡하고 까다로우므로 궁금한 사항이 있으면 지원하고자 하는 대학에 꼭 문의해 보시기 바랍니다.

치대도 의대처럼 UCAT 시험을 꼭 쳐야 합니다. UCAT에 대한 안내는 의대 입학 정보 페이지에 있으니 참고하면 됩니다.

영국 치대 입학을 위한 조언

- 높은 GCSE 점수 (특히 수학, 영어, 물리, 화학, 생물)
- 높은 A-level/IB 예상 점수
- 높은 UCAT 점수
- 잘 쓴 자기소개서 (왜 치과 의사가 되고 싶은지에 대해 잘 써야 합니다)
- 병원에서 Work experience, 봉사 활동
- 인터뷰 잘해야 함

THE MEDICINE & DENTISTRY PROJECT
영국 명문 의대/치대 프로젝트

CEC ACADEMY는 최근 영국 의대·치대 진학을 희망하는 한국 학생들의 증가로 인하여 영국 교육 현실에 맞는 최신 고급정보와 급격히 변화되는 영국 대입 입시에 적합한 의대·치대 프로젝트를 2013년에 개발하였습니다.
CEC 의대·치대 프로젝트는 단계별, 월별로 관리하는 프로그램으로 진행됩니다. 상위권 학생들 뿐만아니라 중, 하위권 학생들도 의대·치대 프로젝트를 통해 **영국 의대·치대 입학을 가능하게 해주는 영국 최초의 특성화 프로젝트입니다.**

영국 의대/치대 합격 프로젝트 특장점

- 상위권 및 중, 하위권 학생들 성적에 맞는 개인별 맞춤형 서비스 제공
- 프로젝트 시작 전 학생에 대한 전문 학습 평가 및 플랜 제공으로 성공률 상승
- 의대, 치대 컨설팅은 원장님이 직접 하며, 앞으로의 플랜에 대해서 상세하게 안내
- 텀별 CEC TEST 시행으로 단계별로 체계적 학습 관리 및 성적 관리
- UCAT 준비에 대한 전문 선생님 컨설팅 및 맞춤형 수업 세팅
- 자기소개서 advice 제공
- 지원 대학 Network 활용으로 고급 인터뷰 정보 지원

04

GCSE 소개 및 중요성

GCSE 소개 -
GCSE 중요성 -

GCSE 소개 및 중요성

영국의 중등 과정 시험인 GCSE의 소개와 GCSE가 왜 중요한지에 대해 안내해 드리겠습니다. GCSE (General Certificate of Secondary Education)는 중학교 과정의 평가이며 10학년부터 11학년까지 2년 과정입니다. GCSE에서 반드시 선택하여야 할 필수 과목은 수학, 영어 (Language), 과학이며 그 외 과목 (역사, 지리, 종교, 언어 (불어, 스페인어, 독어, 중국어 등 에서 선택 가능), 드라마, 미술, 음악, ICT, DT) 에서 선택하면 됩니다. 과학은 두과목으로 인정되는 double과 세과목으로 인정되는 triple로 나누어 집니다. Double로 할 경우 최종 성적표에 science로 표시되며 triple로 할 경우 성적표에 각 과목별로 점수가 표시됩니다. 이공계나 의.치대를 공부 할 학생이면 triple로 하면 좋고, 과학이 어려운 학생들은 double로 하면 됩니다. 일반적으로 GCSE 과목은 9-12개 정도로 선택되며, 10학년에 GCSE를 시작하고 11학년이 끝나는 5월에서 6월에 시험을 치게 됩니다. 간혹 한국에서 영국으로 유학오는 학생들의 경우 1년 과정으로 GCSE를 하는 경우가 있습니다. 이럴 경우 6-8과목을 하면 됩니다. 1년 과정이라 과목수가 적다고 대학 진학에 불리한 점은 없습니다.

IGCSE (International General Certificate of Secondary)는 국제 학생들을 위한 시험으로 GCSE와 거의 흡사하나, 영어의 경우 GCSE보다는 약간 쉬운 형태로 시험이 출제되고 있으며, 국제 학생 및 영국 내 학생들이 시험을 볼 수 있습니다. 각 학교에서 선택하기 때문에 학생들이 선택할 수 없으며, IGCSE 와 GCSE는 영국 대학에서도 동일한 시험으로 평가하기에 어떤 것을 하든지 전혀 문제는 없습니다.

예전에는 GCSE 성적의 경우 대학 지원과 관련하여 비중이 높지 않았지만, A-level 제도가 바뀐 후부터 주요 명문대에서는 GCSE 성적을 비중 있게 다루고 있습니다. 특히 영국 의·치대가 GCSE 성적의 비중을 높게 봅니다. GCSE 기간동안 최대한 기본적인 학습 수준을 습득하는 것이 아주 중요합니다. 그 이유는 GCSE 이후 A-Level 시작과 함께 학습 난이도가 많이 높아지므로, A-level에 공부할 과목의 경우 GCSE때부터 기본기를 탄탄히 다져야 합니다. 또한 의대를 목표하는 학생들의 경우는 주요 과목인 영어, 수학, 과학(Biology, Chemistry, Physics) 과목에서 높은 점수를 받아야 합니다. 영국 의·치대 등이 일반적으로 주요과목에서 GCSE 6~7점 이상을 요구하는 학교가 많습니다. 영국 교육 중에 특이한 부분은 시험 출제 기관이 한 곳이 아니라 여러곳 입니다. 대표적인 출제 기관 (Exam Board)은 EDEXCEL, AQA, OCR이며 같은 학교라도 과목에 따라 출제 기관이 다른 교과서를 사용합니다. 출제 기관은 학생들의 선택이 아니라, 각 학교에서 과목별 담당 선생님들이 결정합니다.

GCSE학년에 유학을 시작하는 경우는 보딩스쿨 / 데이스쿨 등이 있으며, 명문 사립 보딩의 경우 8학년에 지원 준비되어 시험 및 인터뷰 등 최종 합격 후 9학년부터 시작하는 경우가 많습니다.

Grading New GCSEs

New grading structure	Former grading structure
9	
8	A*
7	A
6	B
5	
4	C
3	D
2	E
	F
1	G
U	U

- 9 is higher than an A*
- 8 is between and A* and A
- 7 is are equal to an A
- 6 is equivalent to a high B
- 5 is between a B and C (strong pass)
- 4 is equal to a grade C (standard pass)
- 3 is in between a D and E
- 2 is between an E and F
- 1 is a G
- U refers to an ungraded paper

GCSE 점수 기준표

GCSE 점수표는 U~A* 까지의 등급을 1~9등급으로 변경되었습니다. 변화된 점수표 중 가장 특이한 점은 예전의 A* 등급을 8, 9로 두 등급으로 나눈 것입니다. 낮은 A* (8) 와 높은 A* (9)로 나뉘어졌다고 보면 되고, 각 과목별로 9 등급을 받는 비율은 예전 A* 등급을 받는 비율보다 많이 낮아져 9를 받기가 A* 받는 것 보다 더 어려워졌습니다.

주요 대학별 대학 지원 시 GCSE 요구 점수 등에 대해 알아보겠습니다.

University of Cambridge

GCSEs

Ther are no GCSE (or equivalent) requirements for entry to Cambridge. GCSE results are looked at as a performance indicator, but within the context of the performance of the school/college where they were achieved.

Applicants have generally achieved high grades in subjects relevant to their chosen course, and most students who apply have at least four or five As or A*s at CCSE (7 is considered equivalent to an A in the new grading structure; and 8 and 9 is considered equivalent to an A*). However, there are always exceptions and we don't require a minimum number of As/A*s at GCSE. One of the strengths of the Cambridge admissions system is its ability to assess all applicants individually.

Our research shows that post-16 examintion performance is a much better predictor of degree success at Cambridge. While GCSE results are looked at as a performance indicator, this is within the context of the performance of the school/college where they were attained, and strong performance in Years 12 and 13 can make up for a less stellar performance at GCSE.

케임브리지 대학은 GCSE 성적의 최소 요구 점수는 없습니다. 케임브리지를 지원하는 대부분의 학생들은 최소 4~5과목에서 7점 이상을 받습니다. 케임브리지는 GCSE 성적이 낮아도 A-level 동안의 성적이나 성과를 더 중요시 여긴다고 합니다.

University of Oxford

GCSEs will be taken in to account when we consider your application but they are just one aspect that we look at. GCSE results will be considered alongside your personal statement, academic reference, predicted grades and performance in any written work or written test required for your course. If you are shortlisted, your performance in interviews will also be taken into account.

Higher grades at GCSEs can help to make your application more competitive, and successful applicants typically have a hight proportion of A and A* grades or 7,8 and 9 grades. However, we do look at GCSE grades in context. Where possible, tutors will be made aware of the overall GCSE performance of the school or college where you studied. They will also have information on how you have performed compared with other Oxford applicants at similar schools. (See further information on how we use contextual data.) Tutors will also consider your achieved or predicted grades at A-level(or Other equivalent qualifications), your personal statement, academic reference, and any written work or written tests required for your course. If your application is shortlisted, your performance at interview will also be taken in to account.

If you feel that you did less well in your GCSEs than you might otherwise have done, because of extenuating circumstances, you may still be able to make a competitive application. Examples would include disruption caused by change of school or system, severe discontinuity of teachers, bereavement, and debilitating illness. We take care to treat each application individually and would always take such mitigating circumstances into account, if they are brought to our attention. You may like to mention any such circumstrances in your personal statement, and your referee should make sure to mention them clearly in their reference. If for any reason this is not possible, the we would advise you to contact the college you applied to (or are assigned to if making an open application) once they are likely to have received your application. This is likely to be around the end of October.

Tutors will want to see how you improve your academic performance after your GCSEs and that you do well in your A-levels or other equivalent qualifications.

candidates do not need to take the English Caccalaureate to be able to apply to Oxford. We recommend that candidates take those GCSE subjects that they enjoy the most and are confident in achievinggood grades in.

옥스퍼드 대학은 GCSE 성적이 자기소개서, 추천서, 예상 점수 등 여러 사항을 볼 때 보는것 중 하나라고 합니다. GCSE 성적이 높으면 입학 할 확률이 높아지며, 합격생 대부분의 GCSE 성적은 7 이상이라 합니다. GCSE가 낮은 경우라도 GCSE 후 실력이 어느 정도 향상되었는지도 고려한다고 합니다.

Imperial College London

GCSE English Language 점수를 6/B 이상을 요구합니다. IELTS English 점수가 없는 경우에는 IELTS 등 대학이 인정하는 영어 시험 점수를 맞추면 됩니다.

LSE

LSE는 GCSE 수학과 영어에서 6(B) 이상을 요구합니다.

UCL

> All programmes require GCSE or equivalent passes in English Language and Mathematics at grade 5 or higher. Some programmes require grades highr than 5 or additional GCSE passes in specific subjects, as outlined on individual degree pages.
>
> GCSE grades: 8, 9 = A*, 7 = A, 6 = B and 5 = C.
>
> Qualifications accepted as GCSE equivalents include the following:
>
> · IGCSE at grade C or higher;
> · O level at grade C or higher;
> · Scottish Credit Standard Grade/Intermediate 2
> · Hong Kong Certificate of Education (HKCEE) at grade C or higher
> · IB Middle Years Programme (MYP) at grades 4 to 7;
> · Malaysia Sijil Pelejaran (SPM) at grades 1 to 6;
> · Singapore/Cambridge GCE Ordinary level at grades 1 to 6.

UCL의 GCSE 점수 요구 사항은 구체적입니다. 모든 학과에서는 GCSE 영어 Language와 수학은 최소 5점을 요구합니다. 몇몇 학과는 요구 사항이 더 높으며 영국에서 공부 한 학생들의 (영국에서 GCSE를 한 경우) 경우 외국어 (불어, 스페인어, 독어 등) 5 이상을 요구합니다. 궁금한 사항은 학교에 문의해 봐야 합니다.

의대 · 치대

영국의 모든 의대와 치대는 일정 점수 이상의 GCSE 성적을 요구합니다. 영국 의대, 치대 입학 정보 및 입학 전략 섹션에서 확인 바랍니다. 지금의 GCSE는 예전보다 훨씬 중요해졌습니다. A-level 제도 변경으로 인해 AS 시험이 없어지면서 대학교에서 학생의 실력을 각 학교의 예상 점수로만 평가하지 않습니다. 예상 점수라는 것이 객관적이고 공평하지 않아서, A-level 직전의 학생의 공식 성적인 GCSE와 학생의 A-level 예상 점수를 함께 참고해서 학생의 실력을 평가합니다. 특히 의, 치대의 경우 A-level 예상 점수가 아무리 높아도 GCSE 성적이 최소 요구 점수 이상을 충족시키지 못하면 불합격됩니다.

GCSE 성적을 잘 받기 위해서는

- GCSE 시작 전 여름 방학에 1년 배울 내용을 선행 학습을 하면 좋습니다
- GCSE 1년 마친 후 두 번째 시작 전 여름 방학에도 선행 학습을 하면 좋습니다.
- 각 텀을 마치면 텀별 테스트를 통해서 취약한 과목이나 토픽을 학습합니다
- Easter 텀 동안에는 요점 정리와 기출 문제를 통해서 시험을 대비합니다.
- GCSE 영어, 수학, 과학 과목은 지원하려는 대학의 최소 점수 이상 받도록 합니다.

THE CEC GUARDIANSHIP
CEC 학습 가디언

외국 학생이 영국에서 공부할 경우 영국 현지에 학습 가디언(Educational Guardian)이 필요합니다. 영국 교육시스템 중에 중요한 부분으로 각 학교마다 정책에 따라 차이는 있으나, 16세 미만의 외국 학생들은 영국에서 공부할 경우 부모님이나 부모님의 역할을 대신할 가디언이 필수적으로 있어야 합니다. 18세 이상의 학생의 경우에도 가디언을 요구하는 학교도 있습니다. 18세 이상의 나이에 A-level 을 하는 학생의 경우에는 학교에서 가디언을 요구하는 것과 상관없이 가디언이 있으면 좋습니다.

가디언은 하프팀이나 주말(Exeat)등 학생이 기숙사에서 나오게 되면 학생들을 관리하고, 학교 레터나 서류에 부모님 서명이 필요하면 대신하게 되며, 학교 성적표나 리포트 등을 전달 및, Parents Meeting, 학교의 급한 상황이 발생시 부모님을 대신해서 일을 처리하는 역할을 합니다.

가디언의 자질은 무엇보다 학생들을 자기 자식처럼 보살피는 것이 가장 중요합니다. 영국에서 영주권이나 시민권을 가지고 오래 살았다는 이유로 가디언 업무를 하고 있는 경우가 많습니다. 가디언은 부모님 이상으로 학생들에게 관심을 가지고 있어야 하며, 더욱 중요한 것은 가디언은 영국 교육에 대한 이해와 모든 지식뿐만아니라, 학생들의 성적이나 진학지도에도 전문성을 지녀야 합니다.

영국 현지 가디언들의 잘못된 교육 정보로 학생들과 부모님들이 피해를 당하는 사례가 많으며, 그로인해 많은 문제가 발생되고 있습니다. 이런 문제들을 CEC에서 파악하여 전문성과 경험 등을 바탕으로 체계적이고 전문적인 시스템으로 해결하고 있습니다. CEC에서 기본적인 가디언 업무외에 학습/생활/인성/진로 등 토탈케어 가디언 업무를 진행하고 있습니다.

CEC에서 크게 두 종류의 가디언 서비스를 제공합니다. 프리미엄 학습 가디언 서비스와 일반(Basic)학습 가디언 서비스 입니다.

05

영국 대학 입시 시험 A-level 소개 및 고득점 전략

- A-level 소개
- A-level 과목선택
- A-level 고득점 전략

A-level (영국 대학 입시 시험) 소개 및 고득점 전략

영국 대학 입시 시험인 A-level의 소개와 어떻게 하면 좋은 점수를 받을 수 있는지에 대해 안내해 드리겠습니다. A-level은 Advanced Level의 약자로 GCE (General Certificate of Education) A-level이라고도 얘기 합니다. A-level은 2년 과정으로 첫해를 AS, 두 번째 해를 A2 라고 합니다. A-level은 3-4과목을 정해서 시작합니다. 두 번째 해는 상황에 따라서 4과목에서 3과목으로 줄여서 해도 됩니다. 과목 선정은 대학에서 어느 학과를 지원할 거냐에 따라 정하면 됩니다. 주요 과목별 과목 선정의 예시는 다음과 같습니다.

A-level 주요 과목별 과목선정 예시

공학	Maths, Further Maths, Physics, Chemistry
수학	Maths, Further Maths, Physics, Chemistry
물리학	Maths, Further Maths, Physics, Chemistry
생화학	Maths, Chemistry 그리고 한 과목은 Physics, Psychology 중 하나
의대, 치대	Maths, Chemistry, Biology 그리고 한과목은 Further Maths, Physics, Psychology 중 하나
경제학	Maths, Further Maths, Economics 그리고 Physics, Psychology, History 중 하나
법학	Maths, Economics, History 그리고 과학 과목 중 하나
심리학	Maths, Psychology, Biology 그리고 Chemistry, Physics, Further Maths 중 하나
PPE	Maths, History, Economics 그리고 Politics, Psychology 중 하나

대학에서 어떤 전공을 할 거냐에 따른 일반적인 A-level 과목 선택의 예시이며 꼭 이렇게 정할 필요는 없습니다. 의대, 치대의 경우 Chemistry가 필수이며, Biology 도 많은 의·치대에서 필수 과목으로 하기를 원합니다. 의대, 치대에 가려고하면 Chemistry와 Biology 를 꼭 선택하기를 바랍니다.

경제학의 경우, Maths을 필수로 해야 하며 Economics나 Further Maths는 필수 또는 선호 과목으로 분류를 하는 대학이 많습니다. 이럴 경우 Maths, Further Maths, Economics 이 세 과목을 꼭 선택하는 것이 좋습니다. 과목 선정은 학생이 가장 잘 할 수 있는 3과목을 잘 선택해야 합니다. 최상위권 대학은 전공에 필요하거나 관계가 있는 3과목의 A-level 성적을 중점적으로 봅니다. 4과목을 하는 경우는 최상위권 학생들의 경우 3과목 성적이 다들 좋습니다. 4번째 과목도 성적이 좋을 경우 3과목만 한 학생에 비해 경쟁력을 가지게 됩니다.

A-level 예상 점수의 중요성

A-level 예상 점수는 학교마다 예상 점수를 주는 기준이 다릅니다. 첫해 (AS 과정) 끝나는 5, 6월 시험의 결과를 바탕으로 과목별 예상 점수를 주는 경우가 가장 일반적입니다. 어떤 학교들은 첫해 동안의 학생의 중간 평가 결과와 학년말 시험 (5, 6월 시험)까지 포함해서 예상 점수를 주기도 합니다. 그 외에 첫해 학년말 시험과 두 번째 해 시작 첫 한 달 후 시험을 토대로 예상 점수를 주는 학교도 있습니다. A-level 점수를 잘 받기 위해서는 다음과 같은 조언을 드립니다.

> **A-level점수를 잘 받기 위해서는**
> - GCSE 후 A-level 시작 전 여름방학에 AS 과정 선행 학습을 하세요. (GCSE 과정보다 A-level은 훨씬 어렵습니다. 특히나 GCSE 때 배우지 않은 과목이나 성적이 낮은 과목은 선행 학습 필수입니다)
> - 과목 선택을 잘 해야 합니다. (전공에 해당되는 과목, 학생이 잘 할 수 있는 과목의 조합)
> - 텀마다 레벨 테스트를 통해 현재의 실력 파악과 취약 부분 찾아서 공부
> - 이스터 방학 동안 기출 문제를 통해 총정리 및 시험 답안 작성 요령 익히기

A-level 예상 점수의 허상

A-level 예상 점수는 대부분의 사립학교의 경우 학생의 현재 실력보다는 한 단계 정도 높여 올려줍니다. 예상 점수로 지원할 대학을 선정하고, 지원한 대학에서 예상 점수로 오퍼를 주기에 학교들이 자기 학생이 오퍼를 받을 확률을 높여주기 위해 점수를 올려줍니다. 예를 들어 학생의 학년말 시험 성적은 ABBC 를 받은 경우 대부분의 학교에서는 A*A*AA, A*A*AB, A*AAA 또는 A*AAB 중 하나를 줍니다. 학생이 평소 성실하고 숙제를 잘해오고 했으면 좀 더 좋게 주기도 합니다. 이런 식으로 오퍼를 높여주다 보니 대학들도 학생 선발에 곤란해합니다. 예상 점수만 믿고 학생에게 오퍼를 주면 오퍼를 못 맞추는 경우가 생기거나, 상대적으로 우수한 학생의 선발할 기회를 놓치곤 합니다. 이런 이유로 케임브리지 대학이 2016년부터 pre-interview test를 실시하게 됩니다.
임페리얼의 경우 인터뷰를 하는 학과들이 많아졌습니다. 그 외 대학들은 인터뷰 없이 예상 점수, 자기 소개서, 추천서를 토대로 오퍼를 줄 학생을 선발합니다. 이런 이유로 대부분의 A-level 학교들은 자기 학생들에게 예상 점수를 실제보다 많이 부풀려서 줍니다.

A2-level 엄청 어려워짐

A-level 예상 점수를 받은 학생들 중 그 예상 점수와 같거나 예상 점수보다 잘 받는 경우도 있지만, 대부분의 경우 예상 점수보다 실제 A-level 점수가 낮게 나옵니다. 이런 것에 여러 가지 이유가 있겠지만, 가장 큰 이유는 두 가지 입니다. 첫 번째는 실력보다 부풀려진 예상 점수이며, 두 번째 이유는 AS level 보다 훨씬 어려워지는 A2 level 입니다. A2 level 과정은 모든 과목에서 난이도가 엄청 올라갑니다. 그리고 변경된 A-level 때문에 2년 과정동안 배운 내용은 2년 차 마지막 학기인 5, 6월에 시험을 치기에 시험 준비를 하기가 쉽지는 않습니다. 실제 예를 몇 가지 알려주면 예상 점수가 4A*인데 실제 점수는 1A*2A가 나왔습니다. 한 과목은 오퍼 받은 후에 수업에서 제외하면서 시험을 안 쳤습니다 (Drop이라고 합니다). 4A* 예상 점수가 실제 점수 3A. 예상 점수3A*가 1B2C인 경우도 있었습니다. 그 외에도 대부분의 경우 예상 점수보다 실제 점수가 낮았습니다.

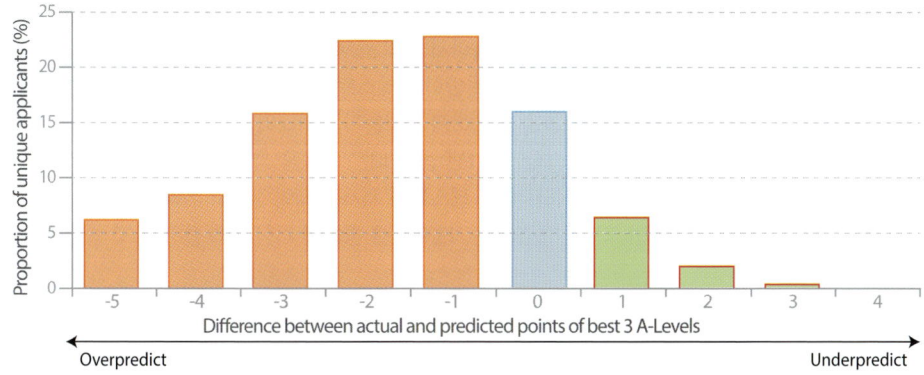

A-level 점수중 가장 잘한 3과목 (4과목 이상 하는 학생들도 있음) 을 기준으로 과목별 예상점수와 실제 점수 차이를 보겠습니다. 위의 표를 보면, 예상 점수와 실제 성적이 같은 경우는 0, 예상점수 보다 실제 성적이 하나 낮을 경우 (예, AAA (예상점수) → AAB (실제점수)는 -1, 예상점수 보다 실제 점수가 이 하나 높을 경우 (예, AAA (예상점수) → A*AA (실제점수)는 1 입니다. 통계에 의하면, 실제 점수가 예상 점수보다 높은 경우는 약 8%. 실제 점수가 예상 점수보다 낮은 경우는 75% 입니다. 대부분의 학교에서는 자기 학교 학생들에게 실력보다 높은 예상 점수를 준다는것을 알 수 있습니다.

필자도 이런 경우를 아주 많이 경험합니다. 학생의 실력이 B 정도인데 예상 점수를 A를 주거나, 심지어 A* 를 주는 것을 보았습니다. 실력과 비슷하게 예상 점수를 주어도, A2 level (A-level 2년 과정)이 어려워서 학생들이 실제 점수가 낮게 나오는 경우가 많습니다.

A-level 점수 잘 받는 방법

CEC 제안! 성적을 올리기 위한 공부 법 ◆ 시기별 학습계획

여름방학(7~8월)	겨울방학(12~1월)	Easter방학(3~4월)
◆ 개념정리	◆ 보충 및 심화단계	◆ 보충 및 최종정리단계
· 용어이해 · Definition(정의)암기 · 단원별 개념 이해 · 문제풀이를 통해 개념 이해 · Past paper-> 개념확립 · 1년동안 배울 내용 미리 선행 · Past papter로 테스트 실시 · 개학 후 학교 수업이 복습이 되어 수업 이해력 높임 (상위권/최상위권 성적유지)	· 테스트를 통해 현재 점수와 취약부분 찾기 · 학교에서 배운 내용 복습 및 정리 · 다음텀에 배울내용 진도 다시 점검 · 하위권학생->상위권 도약을 위한 시기 · 상위권학생->최상위권 도약을 위한 발판 · 최상위권학생->최상위 성적유지	· 시험준비기간 · 모든범위 처음부터 다시 점검 · 점검 후 Past papers로 답안 작성 요령 연습 · 취약한부분이 발견되면 다시 그 부분 집중 수업

A-level 첫해가 중요하므로 A-level 시작전 여름방학에 1년 동안 배울 내용을 미리 선행하면 좋습니다. A-level은 GCSE (중등과정)에 비해서 난이도가 높아서 미리 공부를 하지 않으면 학교 수업이 힘들 수 있습니다. 첫 텀을 마치면 겨울방학이 옵니다. 겨울방학에 테스트를 통해서 첫 텀에 배운 내용을 어느 정도 이해하고 있는지 그리고 어떤 토픽을 잘 이해하지 못하는지 찾아내어 취약한 부분의 보강을 통해 실력을 향상시키는 시기입니다. 이스터 방학에는 1년 동안 배운 내용을 총정리하면서 다가올 시험 준비를 하는 기간입니다. 물론 이 방학 시작하자마자 테스트를 쳐서 현재의 점수와 취약한 부분을 찾아서 그 부분을 집중적으로 보강을 합니다. 이 기간에는 기출문제를 통해서 시험 문제 풀이 테크닉을 배우는 것도 필요합니다.

CEC 제안! 수학 성적을 올리기 위한 공부법

◆ 학습계획
1단계: 교과서에 충실. 교과서에 나오는 모든 예제문제 풀어보기
2단계: 각 단원을 마친 후, 각 단원의 총 정리 문제풀기
3단계: 각 단원을 마친 후 Past paper풀면서 취약점 찾기
❶▷❷▷❸▷❶(이해안되는부분)▷❷▷❸▷❶(이해안되는부분)...반복

◆ 문제 풀때 주의사항
- 문제를 주의해서 읽고 중요한 포인트에 밑줄을 긋는다.
- 계산 실수를 하지 않는다.
- 5점 이상의 점수 배점이 큰 문제는 생각을 요구하는 경우가 많음.
- 만약 문제가 풀리지 않으면 항상 앞에 문제의 답을 이용하거나 앞의 문제에서 힌트찾기
- 문제를 다 푼 후 항상 검토하는 습관을 가질 것

◆ CEC에서 도움을 줄 수 있는 것
- 방학/하프텀을 이용한 선행학습이나 반복학습으로 개념 정립
- End of Term test를 통해 약점을 찾고, 실수를 줄이는 연습을 함
- 시험 후 feedback을 통해 다음 한 달 동안의 학습계획등 상담 실시

수학 성적을 올리는 방법은 표에서 보는 것처럼 교과서 예시 문제를 충실하게 풀어봐야 합니다. 푸는 것이 목표가 아니라 이해를 하는 것이 목표이니, 모르는 문제가 생기면 풀이 과정을 보면서 답을 이해하려고 연구하지 말고 개념 이해를 하면서 모르는 문제를 풀려고 노력하세요. 각 토픽을 마친 후에는 기출 문제를 풀면서 정리를 해야 합니다. 문제 풀 때 주의 사항은 표에 나와 있는 것처럼 주의 하도록 합니다.

CEC 제안! 물리 성적을 올리기 위한 공부법

◆ 학습계획

1단계: 교과서에 충실. 교과서에 나오는 모든 개념을 이해
2단계: 각 단원을 마친 후, 각 단원의 총 정리 문제풀기
3단계: 각 단원을 마친 후 Past paper풀면서 취약점 찾기
❶▷❷▷❸▷❶(이해안되는부분)▷❷▷❸▷❶(이해안되는부분)...반복

◆ 문제 풀때 주의사항

- 문제를 주의해서 읽고 문제에서 요구하는 것이 무엇인지 이해, 그리고 문제의 포인트에 밑줄을 긋는다.
- 계산 실수를 하지 않는다. 계산을 할 때 공식을 사용하면서 단계적으로 문제를 푼다.
- 3점 이상의 점수 배점이 큰 문제는 생각을 요구하는 경우가 많음.
- 쓰는 문제의 경우 그 문제의 점수에 해당하는 Key Words나 Key Points가 있어야 함
- 문제를 다 푼 후 항상 검토하는 습관을 가질 것

◆ CEC에서 도움을 줄 수 있는 것

- 방학/하프텀을 이용한 선행학습이나 반복학습으로 개념정립
- End of Term test를 통해 약점을 찾고, 실수를 줄이는 연습을 함
- 시험 후 feedback을 통해 다음 한 달 동안의 학습계획등 상담 실시

물리 성적 올리는 방법에서 가장 중요한 것은 개념이해입니다. 개념 이해를 통해서 연습문제나 기출 문제를 많이 풀어봐야 합니다. 물리는 같은 토픽이라도 문제를 내는 스타일이 다른 경우가 많으며, 특히 학생들이 응용 문제를 어려워합니다. 개념 이해 후 문제를 많이 풀어보면서 이런 부분을 대비하기를 바랍니다. 그 외 과목 공부도 수학, 물리 공부 방법의 예와 비슷하니 개념 정리 후 문제를 많이 풀어보는 습관을 가지세요.
어떻게 하면 실제 A-level 점수를 잘 받을 수 있을지 조언들 드리겠습니다.

A-level점수를 잘 받기 위해서는

- 예상 점수를 자기의 실제 실력이라는 착각을 버리세요.
- 4과목을 하기가 힘든 경우 A2 시작 때 3과목으로 줄이든지, 대학에서 오퍼 후 3과목으로 줄이든지 하세요.
- A2가 어려우므로 AS 후, A2 시작 전 여름방학에 선행 학습을 하세요.
- GCSE 후 A-level 시작 전 여름방학에 AS 과정 선행 학습을 하세요.
- 텀마다 과목별 레벨 테스트를 받으세요. 그 테스트 결과를 바탕으로 세부적인 공부 계획을 세우세요.
- A2 과정을 여름방학에 선행을 했더라도, 1월 초까지 한 번 더 과정을 스스로 공부하던, 별도의 과외 수업을 받던지해서 미리 끝내세요.
- 이스터 방학 때는 2년 과정의 A-level을 총정리하세요. 이때 시험문제 푸는 테크닉 등을 배우세요.

CEC 아카데미 전문 상담 서비스

원장님을 중심으로 한 영국 교육 전문가들이 전문 상담을 진행합니다.
현재까지 수많은 분들이 전문 상담을 했으며 별점 5점의 강한 피드백을 가지고 있습니다.
상담하셨던 거의 대부분의 분들은 상담 후 아주 유용한 정보 도움 많이 되었으며,
앞으로 어떻게 준비해야 될지 알게 되었다고 감사함을 전해주셨습니다.
영국 입시, 교육 인터넷, 유튜브에서 정보를 맹신하지 마시고,
CEC 전문가에게 상담을 받아보세요.

CEC 전문 상담 내용

- (I)GCSE/A-level/IB 과목 선택, 공부, 성적 향상 방법
- 영국 대학 진학 정보 및 전략
- 케임브리지 진학 정보 및 전략
- 옥스퍼드 진학 정보 및 전략
- 영국 명문대 (임페리얼, LSE, UCL 등 진학 정보 및 전략)
- 영국 의대, 치대 진학 정보 및 전략
- 이 외 영국 입시, 교육에 대한 다양한 분야

"영국 교육/입시 최고의 전문가에게 최고의 상담을 받아보세요"

IB 소개 및 고득점 전략

- IB 소개
- IB 과목선택
- IB 고득점 전략

IB 소개 및 고득점 전략

IB 소개와 점수를 어떻게 하면 잘 받을 수 있는지에 대해 안내드리겠습니다. IB는 1968년 스위스 제네바 국제학교에서 시작했습니다. IB라고 하면 IBDP (International Baccalaureate Diploma Programme 의 약자) 줄여서 부르는 말로 2년 과정의 프로그램입니다. 2022년 150 개국의 3,090 학교에서 IB 수업을 하고 있으며, 매년 약 7-8만 학생이 IB 디플로마 시험을 치고 있습니다. IB를 통해 영국 대학에 지원 할 경우, IB 첫해가 끝나는 5, 6월 각 학교 자체 시험으로 시험을 본 후, 각 과목 선생님이 학생의 예상 점수를 줍니다.

IB는 6과목을 이수해야 하며 3과목 HL과 3과목의 SL 과목으로 구성되어있습니다. 각 과목별 최고 점수는 7점입니다. IB 총점은 45점으로 42점 (과목별 7점)과 3점 (TOK (Theory of Knowledge)와 EE (Extended Essay))으로 구성 되어 있습니다. 그 외 점수에는 들어가지 않지만, CAS (Creativity, Action, Service)를 2년간 150시간의 창의적 과외 활동을 이수해야 합니다. IB 과목 선택은 대학에서 어느 전공을 하느냐에 따라 HL 과목을 정하면 됩니다. HL은 심화 과정으로 난이도와 배우는 토픽에서 SL 보다 어렵고 많은 토픽을 배웁니다. 영국 대학에 지원하는 학생들의 전공별 HL 과목 선택의 예시는 다음과 같습니다.

IB전공별 HL과목 선정 예시

공학	Maths, Physics, Chemistry
경제	Maths, Economics, Physics
의대	Chemistry, Biology

그 외 문과 과목은 에세이를 쓰는 과목 1, 2과목 정도 HL 과목으로 선택하곤 합니다. IB 과목은 6과목이라 과목 선택 시 전문가와 상담을 통해서 선택하기를 추천합니다.

IB 과목 점수 구성은 다음과 같습니다.
External assessment (2년차 마지막 텀에 IB에서 주관하는 진짜 시험)은 70~80%를 차지하며, Internal assessment (IA)는 20~30% 를 차지 합니다. IA는 학교 내에서 이루어지는 수행평가로 선택한 모든 과목을 다 해야 합니다. 각 과목별 주제/논제는 학생이 자유롭게 선택할 수 있으며, 채점은 각 학교별로 이루어 집니다. 채점의 공정성을 위해 채점한 것을 무작위로 선택하여, IBO로 보내어 공정하게 채점이 되었는지 확인을 합니다. IA 는 일반적으로 IB 두 번째 해 초반에 시작하지만, 학교마다 시작은 다릅니다.

IA 고득점 전략

어려운 주제를 선택하지 말고, 학생들이 할 수 있는 주제를 선택 (전문가에게 도움 받기를 추천), IA 수행 중에도 학생이 어려워하면 전문가에게 도움을 받으세요. IB 시험을 잘 봐도 IA를 못하면 과목 점수가 내려가는 경우가 있습니다. 예를 들어 시험 성적은 7 (낮은 7점) 이였는데 IA를 6을 받으면 최종 점수가 6이 됩니다. 하지만 시험 성적이 6 (높은 6점) 이였으나 IA 에서 7을 받게 되면 최종 점수가 7이 됩니다.

IB 통계

수험생 수(2021-2025)
Number of Diplomas Awarded by Region

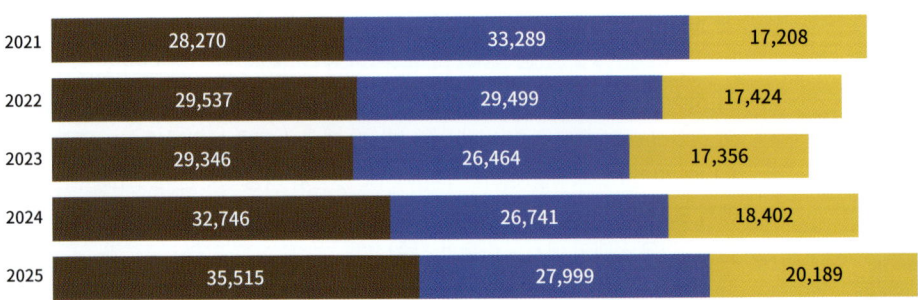

2021-2025년 IB 수험생 수

2021년부터 2025년까지 IB 디플로마를 받은 수험생 수를 보면 해마다 약간씩 증가하는 것을 볼 수 있습니다. 한국이 속한 지역 (IBAP)은 2025년에 20,189명이 디플로마를 받았으며, 2025년에 디플로마를 받은 학생은 83,703명 입니다.

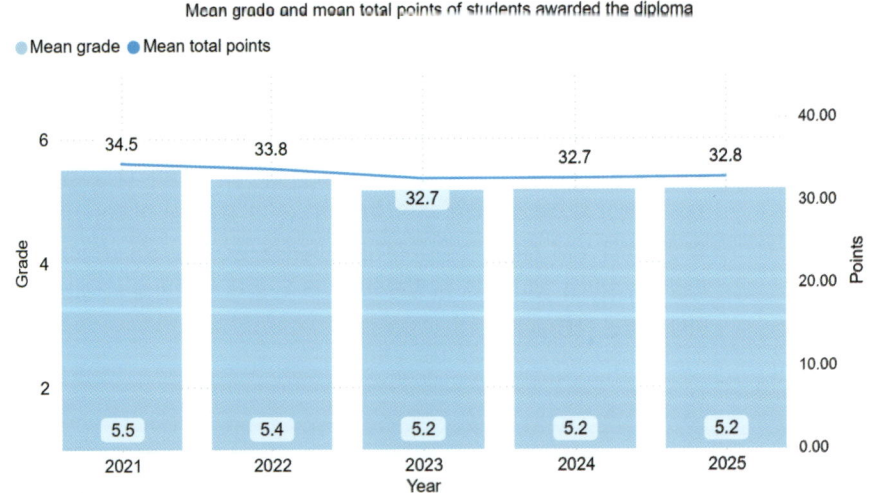

2021-2025년의 IB 시험 결과를 보면, 평균 점수는 32~33점대 입니다. 2021년은 코로나로 대부분의 국가에서 IB 시험이 취소 되었습니다. 이 당시에는 선생님들이 학생들에게 점수를 주어 이전의 해보다 IB점수가 높았습니다. 2022년도에도 이전에 시험이 있었던 해에 비해 평균 점수가 높은 것은 코로나로 인해 수업이 파행적으로 진행되면서 학생들이 불이익 받지 않기 위해 점수를 이전에 시험 쳤던 해보다

점수를 높여주기로 한 이유입니다. 과목별로 평균 점수는 해마다 비슷하며, 5점대 인 것을 알 수 있습니다.

2021-2025년 IB 시험 결과에 따른 점수 분포표

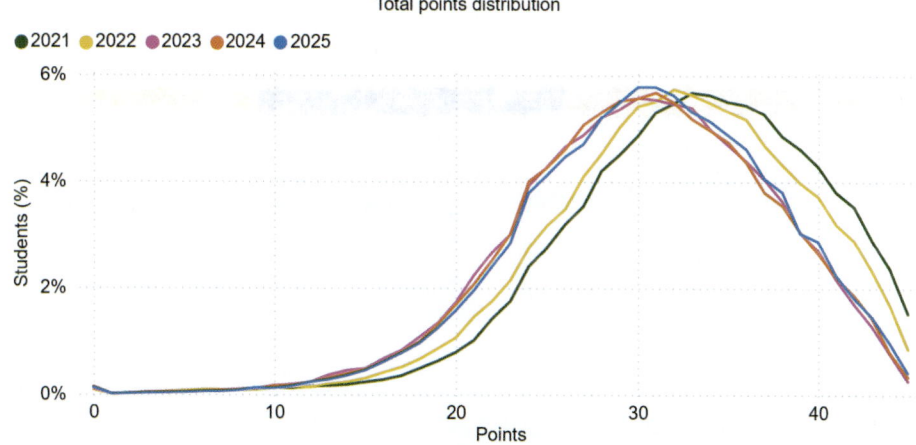

2021-2025년도 IB 시험 결과를 보면 2021, 2022년 2년 동안의 점수가 이전 해에 비해 상당히 높은 것을 알수있습니다. 40점대 이상 고득점자 비율은 2-4% 정도로 아주 적은 비율의 학생들이 40점 이상을 받습니다.

		Theory of knowledge				
		Excellent A	Good B	Satisfactory C	Mediocre D	Elementary E
Extended essay	Excellent A	3	3	2	2	1
	Good B	3	2	1	1	0
	Satisfactory C	2	1	1	0	0
	Mediocre D	2	1	0	0	0
	Elementary E	1	0	0	0	Diploma will not be awarded

EE + TOK 점수 구성표 (3점 만점)

과목 점수는 42점 만점이며, 나머지 3점은 EE와 TOK 에서 받습니다. EE 와 TOK 의 점수가 A+A, A+B, B+A 조합이면 3점을 받을 수 있습니다.

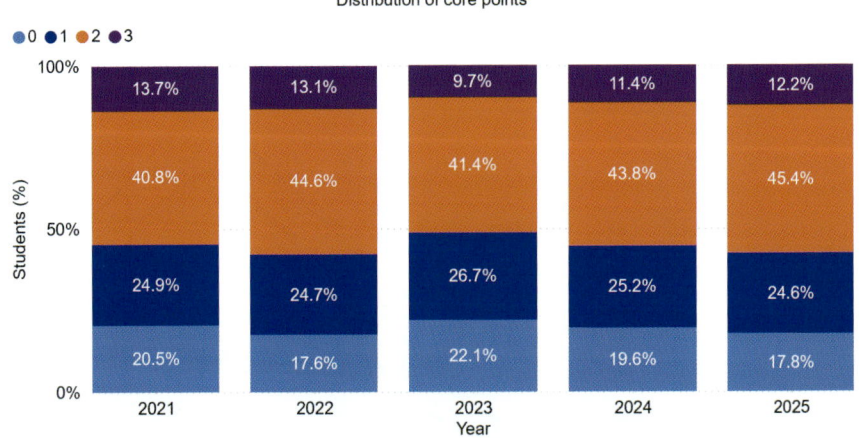

2021년부터 5년간의 EE와 TOK 점수 비율을 보면 3점 받는 비율이 10~13% 정도 됩니다.
가장 높은 비율의 점수는 2점으로 40~45%의 학생들이 2점을 받습니다.

Subject	Candidates	Mean	1 (%)	2 (%)	3 (%)	4 (%)	5 (%)	6 (%)	7 (%)
MATH AA HL	24,966	4.9	0.7	5.1	10.8	21.8	23.7	20.3	16.4
MATH AI HL	8,527	4.5	1.6	8.1	13.9	25.7	23.7	16.0	9.6
BIOLOGY HL	33,102	4.5	1.0	6.7	18.0	24.8	23.9	16.6	7.2
CHEMISTRY HL	20,095	4.8	0.7	5.0	15.8	19.4	22.3	20.7	15.0
PHYSICS HL	17,984	4.9	0.3	4.8	15.0	19.8	22.2	17.9	19.2
ENGLISH A LAL HL	43,338	4.8	0	1.0	8.4	26.3	35.9	21.5	4.1
ENGLISH A LIT HL	30,239	4.6	0	1.6	8.4	37.4	33.4	16.0	1.5
ECONOMICS HL	20,089	5.2	0.2	2.1	7.9	17.7	27.6	29.9	14.0
HISTORY HL	37,228	4.4	0.5	5.8	14.2	28.8	30.3	15.2	2.6

2025년도 IB 과목별 점수 분포표

IB 주요 과목 HL 점수 분포표를 분석해보겠습니다. 수학 AA, AI 가 있는데 많은 학생들이 수학 HL AA 를 하고있습니다. 영국 대학의 경우 수학 관련 학과들이 AA 를 요구하는 경우가 많습니다. 7점을 받는 비율이 다른 과목에 비해 상대적을 높습니다.

과학 3과목을 비교해보면, 상대적으로 영어 부담은 많은 과목인 생물이 7받은 비율 7.2%로 물리 19.2%, 화학 15.0% 에 비해 상당히 낮은 것을 알 수 있습니다. Essay based 과목인 영어, 영문학, 역사 과목에서는 7점 받는 비율이 상당히 낮은 것을 알 수 있습니다. 이런 이유로 영국 최상위권 대학의 경우 이공계 학과는 HL 과목 점수를 776-766 을 요구를 하지만 문과의 경우에는 대부분 666 을 요구합니다. IB HL 과목을 선택 할 때 가장 중요한 것은 대학에서 요구하는 과목을 꼭 해야하지만 그 외 과목을 정할때는 점수 분포 등을 참고해서 과목을 정하면 좋을 것 같습니다.

IB 점수 잘 받는 방법

CEC 제안! 성적을 올리기 위한 공부 법 ◆ 시기별 학습계획

여름방학(7~8월) **겨울방학(12~1월)** **Easter방학(3~4월)**

◆개념정리	◆보충 및 심화단계	◆보충 및 최종정리단계
· 용어이해 · Definition(정의)암기 · 단원별 개념 이해 · 문제풀이를 통해 개념 이해 · Past paper-> 개념확립 · 1년동안 배울 내용 미리 선행 · Past paper로 테스트 실시 · 개학 후 학교 수업이 복습이 되어 수업 이해력 높임 (상위권/최상위권 성적유지)	· 테스트를 통해 현재 점수와 취약부분 찾기 · 학교에서 배운 내용 복습 및 정리 · 다음텀에 배울내용 진도 다시 점검 · 하위권학생->상위권 도약을 위한 시기 · 상위권학생->최상위권 도약을 위한 발판 · 최상위권학생->최상위 성적유지	· 시험준비기간 · 모든범위 처음부터 다시 점검 · 점검 후 Past papers로 답안 작성 요령 연습 · 취약한부분이 발견되면 다시 그 부분 집중 수업

IB 첫해가 중요하므로 IB 시작 전 여름방학에 1년 동안 배울 내용을 미리 선행하면 좋습니다. IB는 6과목을 해야하기 때문에 공부 분량과 난이도가 높아서 미리 공부를 하지 않으면 학교 수업이 힘들수 있습니다. 첫 텀을 마치면 겨울방학이 옵니다. 겨울방학에 테스트를 통해서 첫 텀에 배운 내용을 어느 정도 이해하고있는지 그리고 어떤 토픽을 잘 이해하지 못하는지 찾아내어 취약한 부분의 보강을 통해 실력을 향상 시키는 시기입니다. 이스터 방학에는 1년 동안 배운 내용을 총정리하면서 다가올 시험 준비를 하는 기간입니다. 물론 이 방학 시작하자마자 테스트를 쳐서 현재의 점수와 취약한 부분을 찾아서 그 부분을 집중적으로 보강을 합니다. 이 기간에는 기출문제를 통해서 시험 문제 풀이 테크닉을 배우는 것도 필요합니다.

필자가 가르치는 수학, 물리 과목에 대한 공부 방법을 알려드리겠습니다.

CEC 제안! 수학 성적을 올리기 위한 공부법

◆ 학습계획

1단계: 교과서에 충실. 교과서에 나오는 모든 예제문제 풀어보기
2단계: 각 단원을 마친 후, 각 단원의 총 정리 문제풀기
3단계: 각 단원을 마친 후 Past paper풀면서 취약점 찾기
❶▷❷▷❸▷❶(이해안되는부분)▷❷▷❸▷❶(이해안되는부분)...반복

◆ 문제 풀때 주의사항

- 문제를 주의해서 읽고 중요한 포인트에 밑줄을 긋는다.
- 계산 실수를 하지 않는다.
- 5점 이상의 점수 배점이 큰 문제는 생각을 요구하는 경우가 많음.
- 만약 문제가 풀리지 않으면 항상 앞에 문제의 답을 이용하거나 앞의 문제에서 힌트찾기
- 문제를 다 푼 후 항상 검토하는 습관을 가질 것

◆ CEC에서 도움을 줄 수 있는 것

- 방학/하프텀을 이용한 선행학습이나 반복학습으로 개념 정립
- End of Term test를 통해 약점을 찾고, 실수를 줄이는 연습을 함
- 시험 후 feedback을 통해 다음 한 달 동안의 학습계획등 상담 실시

수학 성적을 올리는 방법은 표에서 보는 것처럼 교과서 예시 문제를 충실하게 풀어봐야 합니다. 푸는 것이 목표가 아니라 이해를 하는 것이 목표이니, 모르는 문제가 생기면 풀이 과정을 보면서 답을 이해하려고 연구하지 말고 개념 이해를 하면서 모르는 문제를 풀려고 노력하세요. 각 토픽을 마친 후에는 기출 문제를 풀면서 정리를 해야 합니다. 문제 풀 때 주의 사항은 표에 나와 있는 것처럼 주의 하도록 합니다.

CEC 제안! 물리 성적을 올리기 위한 공부법

◆ 학습계획

1단계: 교과서에 충실. 교과서에 나오는 모든 개념을 이해
2단계: 각 단원을 마친 후, 각 단원의 총 정리 문제풀기
3단계: 각 단원을 마친 후 Past paper풀면서 취약점 찾기
❶▷❷▷❸▷❶(이해안되는부분)▷❷▷❸▷❶(이해안되는부분)...반복

◆ 문제 풀때 주의사항

- 문제를 주의해서 읽고 문제에서 요구하는 것이 무엇인지 이해,
  그리고 문제의 포인트에 밑줄을 긋는다.
- 계산 실수를 하지 않는다. 계산을 할 때 공식을 사용하면서 단계적으로 문제를 푼다.
- 3점 이상의 점수 배점이 큰 문제는 생각을 요구하는 경우가 많음.
- 쓰는 문제의 경우 그 문제의 점수에 해당하는 Key Words나 Key Points가 있어야 함
- 문제를 다 푼 후 항상 검토하는 습관을 가질 것

◆ CEC에서 도움을 줄 수 있는 것

- 방학/하프텀을 이용한 선행학습이나 반복학습으로 개념정립
- End of Term test를 통해 약점을 찾고, 실수를 줄이는 연습을 함
- 시험 후 feedback을 통해 다음 한 달 동안의 학습계획등 상담 실시

물리 성적 올리는 방법에서 가장 중요한 것은 개념 이해입니다. 개념 이해를 통해서 연습문제나 기출문제를 많이 풀어봐야 합니다. 물리는 같은 토픽이라도 유형이 다른 문제나 응용문제를 많이 출제합니다. 개념 이해 후 문제를 많이 풀어보면서 이런 부분을 대비하기를 바랍니다. 그 외 과목 공부도 수학, 물리 공부 방법의 예와 비슷하니 개념 정리 후 문제를 많이 풀어보는 습관을 가지세요.

영국 대학 지원 시 IB 예상 점수의 중요성

IB 예상 점수는 학교마다 예상 점수를 주는 기준이 다릅니다. 첫해가 끝나는 5, 6월 학교 시험의 결과를 바탕으로 과목별 예상 점수를 주는 경우가 가장 일반적입니다. 어떤 학교들은 첫해 동안의 학생의 중간 평가 결과와 학년말 시험 (5, 6월 시험)까지 포함해서 예상 점수를 주기도 합니다. 그 외에 첫해 학년말 시험과 두 번째 해 시작 첫 한 달 후 시험을 토대로 예상 점수를 주는 학교도 있습니다.

IB 점수를 잘 받기 위해서는 다음과 같은 조언을 드립니다.

> **IB점수를 잘 받기 위해서는**
> - GCSE/MYP후 IB 시작 전 여름방학에 IB 첫해 과정 선행 학습을 하세요. (GCSE/MYP 과정보다 IB는 훨씬 어렵습니다. 특히나 GCSE/MYP 때 배우지 않은 과목이나 성적이 낮은 과목은 선행 학습 필수입니다)
> - 과목 선택을 잘 해야 합니다. (전공에 해당되는 과목, 학생이 잘 할 수 있는 과목의 조합)
> - 텀마다 레벨 테스트를 통해 현재의 실력 파악과 취약한 부분 찾아서 공부.
> - 이스터 방학 동안 기출 문제를 통해 총정리 및 시험 답안 작성 요령 익히기

IB 예상 점수의 허상

IB 예상 점수는 학생의 첫해 실력을 바탕으로 IB 시험에서 성적이 어느 정도 나올지 예상해서 줍니다. 평가 점수를 바탕으로 정확하게 예상 점수를 주는 경우도 있지만, 현재 실력보다는 한 단계 정도 높여 올려서 주는 경우도 있습니다. 예상 점수로 지원할 대학을 선정하고, 지원한 대학에서 예상 점수를 근거로 오퍼를 주기에 학교들이 자기 학생이 오퍼를 받을 확률을 높여주기 위해 점수를 올려줍니다. 예를 들어 학생의 학년말 시험 성적은 666 (HL), 665 (SL) 를 받은 경우 776 (HL), 776 (SL) 또는 766 (HL) 766 (SL)로 주거나 이와 비슷한 조합하는 예상 점수는 주는 경우가 많습니다. 학생이 평소 성실하고 숙제를 잘해오고 했으면 좀 더 좋게 주기도 합니다. 이런 식으로 오퍼를 높여주다 보니 대학들도 학생 선발에 어려움이 있을겁니다. 예상 점수만 믿고 학생에게 오퍼를 주면 오퍼를 못 맞추는 경우가 생기거나, 상대적으로 우수한 학생의 선발할 기회를 놓치곤 합니다.

IB 두 번째 해 엄청 어려워짐

IB 예상 점수를 받은 학생들 중 그 예상 점수와 같거나 예상 점수보다 잘 받는 경우도 있지만, 대부분의 경우 예상 점수보다 실제 IB 점수가 낮게 나옵니다. 이런 것에 여러 가지 이유가 있겠지만, 가장 큰 이유는 두 가지 입니다. 첫 번째는 실력보다 부풀려진 예상 점수이며, 두 번째 이유는 첫해 보다 두 번째 해가 훨씬 어려워지기 때문입니다. IB 두 번째 해 과정은 모든 과목에서 난이도가 엄청 올라갑니다. 그리고 2년 과정 동안 배운 내용을 2년 차 마지막 학기인 5, 6월에 시험을 치기에 시험 준비를 하기가 쉽지는 않습니다. 실제 예를 몇 가지 알려주자면 45 예상 점수가 실제 점수는 40점대 초반이나 심지어 30점대 후반으로 나오는 경우도 있습니다.

IB성적을 잘 받기 위해서는

- IB 시작 전 여름 방학에 1년 배울 내용을 선행 학습을 하면 좋습니다
- IB 1년 마친 후 두 번째 시작 전 여름 방학에도 선행 학습을 하면 좋습니다.
- 각 텀을 마치면 텀별 테스트를 통해서 취약한 과목이나 토픽을 학습합니다.
- Easter 텀 동안에는 요점 정리와 기출 문제를 통해서 시험을 대비합니다.
- IA에서 좋은 점수를 받을 수 있도록 외부 도움이 필요하면 도움을 받아야 합니다.
- EE, TOK에서 좋은 점수를 받을 수 있도록 외부 도움이 필요하면 도움을 받아야 합니다.

CEC ACADEMY
SIXTH FORM COLLEGES

파트너 학교

St Andrew's College
Cambridge

St. Andrew's College는 교육 환경이 뛰어난 케임브리지 시내에 있으며, 40년된 A-Level 전문 학교입니다. 케임브리지 지역내 Sixth form 칼리지 중 학비가 저렴하며, 성적이 우수한 학생들에게 많은 장학 혜택을 제공하고 있습니다. CEC 영국 본사와 도보로 5분 거리에 있어 학생 관리 및 성적 관리가 최적인 학교입니다.

MPW
Cambridge

1973년 런던에서 3명의 케임브리지 대학교 졸업생에 의해 설립된 MPW 그룹은 영국내에서도 잘 알려진 A - Level 전문 칼리지 중 하나입니다. 런던, 버밍엄, 케임브리지에 학교가 있으며 각 학교들은 명문 대학 캠퍼스와 가까운 곳에 위치하여 좋은 학습 환경을 제공합니다. CEC 영국 본사와 도보로 10분 거리에 있어 학생 관리 및 성적 관리가 최적인 학교입니다.

CEC ACADEMY
SIXTH FORM COLLEGES

파트너 학교

Abbey College
Cambridge

1994년에 설립 된 Abbey College는 유학생을 위한 최고의 A-Level 전문 칼리지 중 하나입니다. 이 학교는 신축 건물로 깨끗하며 학교 내 기숙사 시설이 갖추어져 있습니다. A -Level 합격률은 1997년 이후 지속적으로 최상위권에 있으며 현재 40여 개국에서 온 400명 이상의 학생을 100명 이상의 교직원이 가르치고 지원합니다. CEC 영국 본사와 도보로 20분 거리에 있어 학생 관리 및 성적 관리가 최적인 학교입니다.

Cardiff Sixth Form
Cambridge

케임브리지내에 위치한 이 학교는 A-level 전문 학교중 성적이 가장 좋은 학교중에 하나입니다. 매년 케임브리지, 옥스퍼드를 비롯하여 수많은 학생들을 영국 명문대에 진학 시키고있습니다. CEC 영국 센터와 도보로 5분 거리에 있어 학생 관리 및 성적 관리가 최적인 학교입니다.

07

영국 대학 입학 시험

- 영국 대학 입학 시험 종류 -
- 영국 대학 입학 시험의 중요성 -
- UCAT 시험 -
- ESAT 시험 -
- TMUA 시험 -
- PAT 시험 -
- MAT 시험 -
- TSA 시험 -
- TARA 시험 -

영국 대학입학 시험

영국 대학 입학 시험 종류

영국 대학 입학시험은 표에서 보듯이 최상위권 대학의 일부 학과에서 요구하는 시험입니다.

시험종류	코스	대학	시험 주제	시험형태	시험일
UCAT	Medicine, Dentistry	대부분의 영국 의대, 치대	Verbal Reasoning, Decision Making, Quantitative Reasoning, SJT	Computer-based MCQ	7월-9월
LNAT	Law	Oxford, Cambridge, LSE, UCL, KCL, Bristol 등	Comprehension, argument analysis, essay	MCQ + essay	9월, 1월
TSA	PPE, E&M, Experimental Psychology, H&E, Human Science, PPL	Oxford	Critical thinking, problem solving	MCQ; some courses add essays	10월

시험종류	코스	대학	시험 주제	시험형태	시험일
MAT	Maths, CS-related courses	Oxford	Maths	MCQ + long problems	10월
TMUA	Maths-related courses	Economics, CS (Cambridge), Maths, CS, EFD (Imperial), Economics, EME(LSE), Maths, CS (Warwick)	Mathematical logic & reasoning	Computer-based MCQ	10월, 1월
PAT	Physics, Engineering, MS, PP	Oxford	Physics + maths	Computer-based, MCQ	10월
HAT	History	Oxford	Source analysis + historical thinking	Written	10월
ESAT	Engineering, Natural Sciences	CEB, Engineering, Natural Science, Veterinary Medicine (Cambridge), 모든 Engineering, Physics (Imperial), EEE (UCL)	STEM problem-solving, maths, sciences, or essay tasks	Computer-based MCQ	10월
TARA	CS, ESPS, ISPS, Management, RAI, Sociology, Social Science	UCL	Critical thinking, Problem solving, Writing task	MCQ+ essay	10월, 1월
College Written Assessments	Humanities, Social Sciences	Cambridge	Essay writing & analysis	written tests	11월

*주: MCQ (Multiple Choice Question), PPE (Philosophy, Politics and Economics), E&M (Economics and Management), H&E (History and economics), PPL (Psychology, Philosophy and Linguistics), CS (Computer Science), EFD (Economics, Finance and Data Science), EME (Economics and Mathematical Economics), MS (Materials Science), PP (Physics and Philosophy), CEB (Chemical Engineering and Biotechnology), EEE (Electronic and Electrical Engineering), ESPS (European Social and Political Studies), ISPS (International Social and Political Studies), RAI (Robotic and Artificial Intelligence)

시험은 UCAT처럼 7월부터 9월 사이 시험 기간 중 학생이 원하는 날짜를 선택해 응시할 수 있습니다. 대부분의 입학시험이 정해진 날짜에만 치러지는 것과 비교하면 유연한 방식입니다. 시험 등록 절차와 시험 장소는 각 시험 섹션에 설명되어 있습니다.

영국 대학 입학 시험의 중요성

영국 A-level 시험 제도가 바뀐 이후 케임브리지 대학이 입학시험을 도입했습니다. 옥스퍼드는 시험 제도가 변경되기 전부터 이미 입학시험을 운영하고 있었습니다. 이후 입학시험 형식이 개편되고 임페리얼, LSE, UCL 등 최상위권 대학들도 입학시험을 만들기 시작했습니다.

입학시험이 생긴 이유는 A-level과 IB의 예상 성적만으로 우수한 학생을 선발하기 어려웠기 때문입니다. 매우 많은 학생이 실제 실력보다 높은 예상 성적으로 지원하다 보니, 특히 최상위권 인기 학과에서는 경쟁률이 지나치게 높아졌습니다. 이에 따라 대학들은 입학시험 점수를 기준으로 인터뷰 초청 여부를 결정하거나, 인터뷰가 없는 경우에는 그 점수를 바탕으로 바로 합격 여부를 판단하게 되었습니다.

케임브리지, 옥스퍼드, 임페리얼의 경우 입학시험 점수를 바탕으로 인터뷰 초청을 결정하고, 인터뷰 이후에는 인터뷰 점수, 입학시험 점수, 예상 성적, 자기소개서, 추천서 등을 종합하여 최종 합격 여부를 판단합니다. 아무리 다른 요소들이 우수하더라도 입학시험 점수가 낮으면 인터뷰 초청을 받지 못해 탈락하게 됩니다.

입학시험 준비는 A-level 또는 IB 1학년을 마친 뒤 여름방학 기간에 시작하는 것이 좋습니다.

UCAT (University Clinical Aptitude Test) 시험

UCAT 시험에 대한 상세 안내는 Part 3의 영국 의대, 치대 입학 정보 및 전략에서 확인 바랍니다.

ESAT (Engineering and Science Admission Test) 시험

시험	시험을 쳐야하는 지원자	시험 문제	시험시간
Mathematics 1	모든 지원자들	Computer-based MCQ (객관식)	40 분
Biology	4개의 시험 중 2개 선택 후 시험 (자세한것은 각 대학에서 확인해야 합니다)	Computer-based MCQ (객관식)	각 시험 40 분
Chemistry			
Physics			
Mathematics 2			

시험 등록은 UAT UK 사이트 (https://esat-tmua.ac.uk)에서 등록해야 합니다.

2025년 시험의 경우

- 시험 예약: 7월 31일 - 9월 29일
- 시험일: 10월 9일, 10일

시험은 두 날짜 중 정해진 날짜에 Pearson VUE Centre에서 응시하게 되며, 이 테스트 센터는 전 세계 180여 개국에 위치해 있습니다.

2025년 ESAT 시험 결과는 다음과 같습니다.

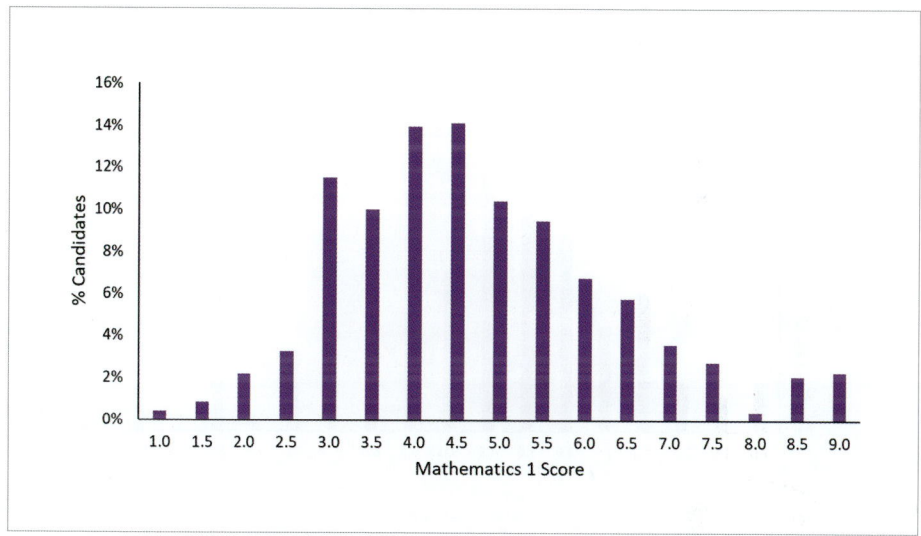

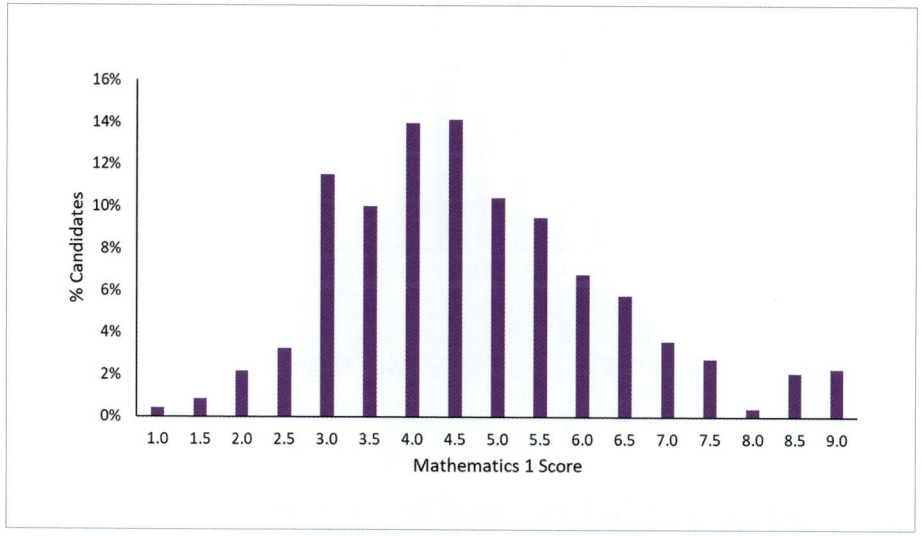

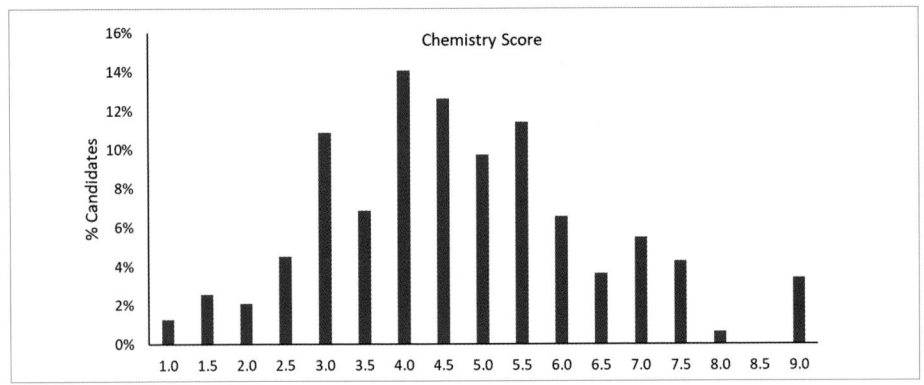

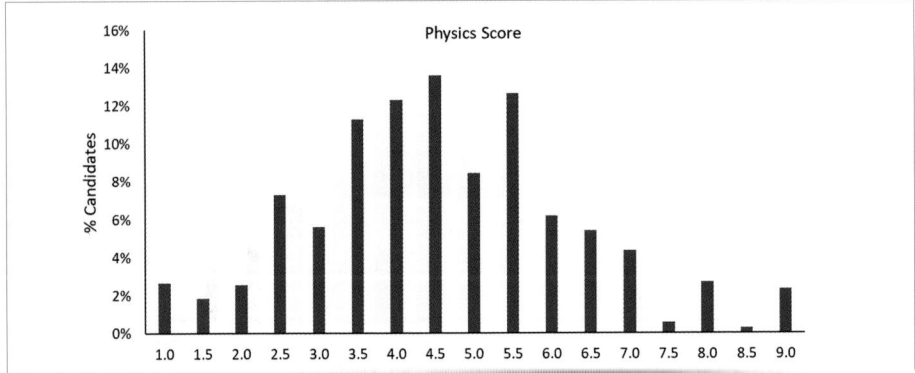

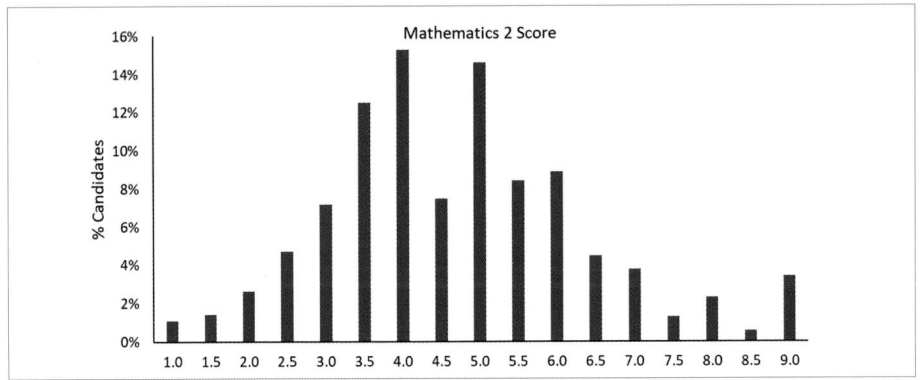

ESAT 시험 결과를 보면,
- 점수 범위: 1.0 (최저) – 9.0 (최고)   • 평균 점수: 4.5점대

대부분의 학생들이 3–6점대 사이에 있습니다. 2025년 결과를 기준으로 볼 때, 6.0 점대 이상의 점수라면 인터뷰 오퍼 (인터뷰 있는 학과)를 받을 수 있는 것으로 예상되며, 인터뷰 오퍼 커트라인은 약 4.5점대 근처에서 형성될 것으로 보입니다.

TMUA (Test of Mathematics for University Admission) 시험

시험	시험 내용	시험 유형	시험시간
Paper 1: Applications of Mathematical Knowledge	새로운 상황에서 수학 지식을 적용하는 능력을 평가	20 문제, Computer-based MCQ (객관식)	75분
Paper 2: Mathematical Reasoning	수학적 추론과 기초 논리의 간단한 개념을 다루는 능력을 평가	20 문제, Computer-based MCQ (객관식)	75분

시험 등록은 UAT UK 사이트 (https://esat-tmua.ac.uk)에서 등록해야 합니다.

2025년 시험의 경우

- 시험 예약: 7월 31일 - 9월 29일
- 시험일: 10월 10일, 14일

시험은 두 날짜 중 정해진 날짜에 Pearson VUE Centre에서 응시하게 되며, 이 테스트 센터는 전 세계 180여 개국에 위치해 있습니다.

2025년 TMUA 시험 결과는 다음과 같습니다.

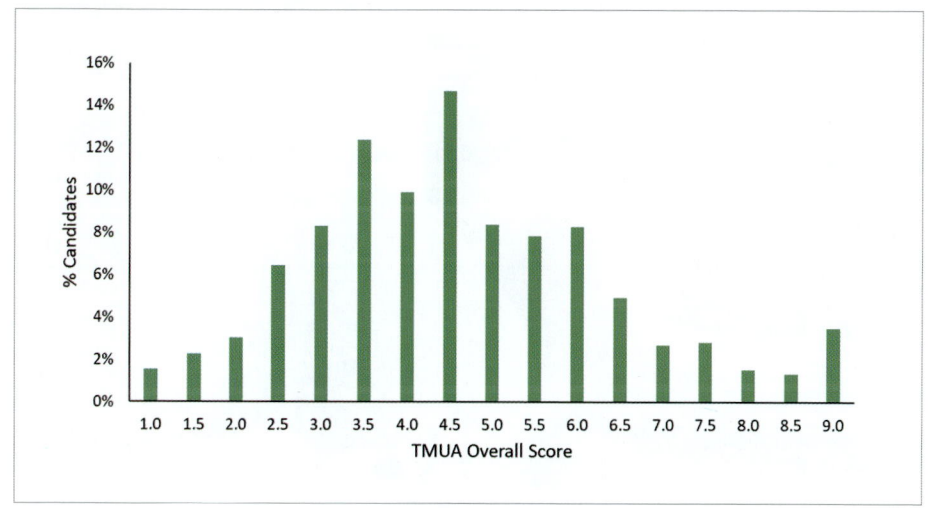

TMUA 시험 결과를 보면,
- 점수 범위: 1.0 (최저) – 9.0 (최고)
- 평균 점수: 4.5 점대

TMUA 점수는 Paper 1과 Paper 2의 평균으로 산출됩니다. 대부분의 학생들이 3–6점대에 분포합니다. 2025년 결과를 보면 7.0 이상이면 상위 10% 점수입니다. 4.5점대 이상의 점수라면 인터뷰 오퍼 (인터뷰 있는 학과)를 받을 수 가능성이 있는 것으로 예상되며, 인터뷰 오퍼 커트라인은 이 점수대 근처에서 형성될 것으로 보입니다.

인터뷰 없이 최종 오퍼를 주는 학과의 경우에는 좀 더 높은 점수가 요구될 것으로 예상됩니다. 그 이유는 인터뷰가 있는 경우에는 인터뷰를 통해 학생을 한 번 더 평가할 수 있기 때문에 인터뷰 오퍼를 상대적으로 더 많이 줄 수 있습니다. 반면 인터뷰 없는 경우에는 최종 오퍼를 결정해야 하므로 정원 대비해서 줄 수 있는 오퍼가 제한되어, 더 높은 TMUA 점수를 받은 학생에게만 오퍼가 주어질 가능성이 큽니다.

PAT (Physics Admission Test) 시험

시험	시험 내용	시험 유형	시험시간
PAT	수학, 물리 (첫해 A-level, GCSE)	40 문제, Computer-based MCQ (객관식)	2시간

2024년부터 PAT 시험은 온라인 시험으로 변경되었으며, 모든 문제는 객관식으로 출제됩니다. 시험은 첫해 A-level, GCSE에서 다루는 수학, 물리 개념을 중심으로 구성되어 있으며, 자세한 시험 범위는 옥스퍼드 대학 공식 홈페이지에 확인할 수 있습니다.

시험 등록은 옥스퍼드 입학시험 사이트 (https://oxford.useclarus.com/login)에서 계정을 생성한 뒤, 해당 사이트를 통해 Pearson VUE 사이트로 이동후 시험 예약을 진행하면 됩니다.

2025년 시험의 경우

- 시험 예약: 8월 18일 - 9월 26일
- 시험일: 10월 22일, 23일

시험은 지정된 두 날짜 중 정해진 날짜에 Pearson VUE Centre에서 응시하게 되며, 해당 테스트 센터는 전 세계 180여 개국에 위치해 있습니다.

2024년 시험 결과는 다음과 같습니다.

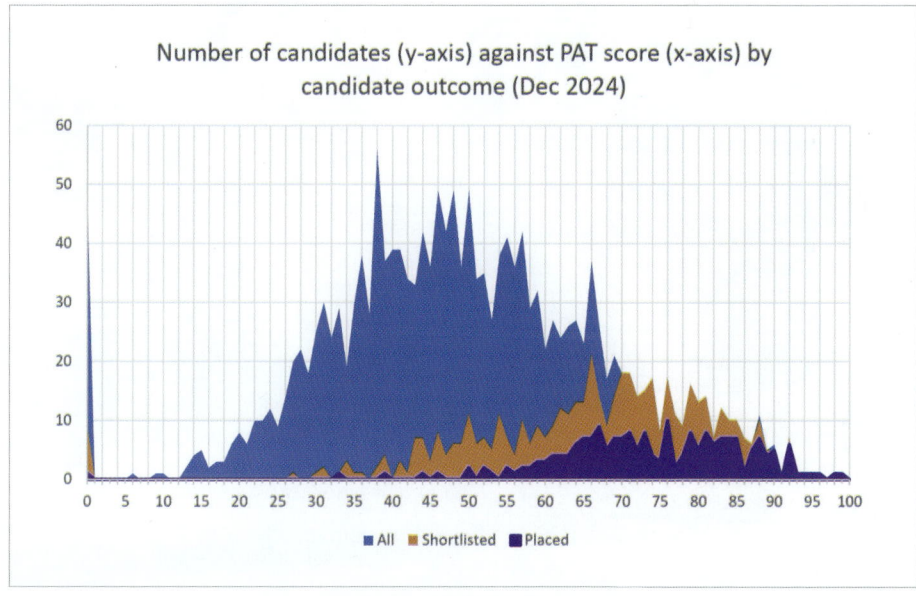

PAT 시험은 옥스퍼드 네 개 학과 (Engineering, Materials Science, Physics, Physics and Philosophy) 에 지원자들이 응시해야 하며,

2024년 PAT 시험,
- 전체 응시자: 1,790 명
- 해외 (한국 국적자 포함) 응시자: 483 (27%) 명
- 인터뷰 오퍼 경쟁률: 2.5:1

2024년 시험 결과를 보면,
- 점수 범위: 0 (최저)–100 (최고)
- 평균 점수: 49.6 점

참고로 2022년 평균은 51.2%, 2023년 평균은 55.6%였습니다. 예상할 수 있듯이, PAT 점수가 높을수록 최종 오퍼를 받을 확률이 높습니다. 다만 PAT 점수가 높아도 인터뷰를 잘하지 못하면, 최종 오퍼를 받지 못할 수 있습니다. 최종 오퍼 결정에서 인터뷰 점수가 PAT 점수보다 더 큰 비중을 차지하기 때문입니다. 결론적으로, 경쟁이 매우 치열한 만큼 높은 PAT 점수와 우수한 인터뷰 성과가 모두 필요하다는 것을 알 수 있습니다.

MAT (Maths Admission Test)시험

시험	시험 내용	시험 유형	시험시간
MAT	수학 (첫해 A-level)	25 문제, Computer-based MCQ (객관식), 2 문제 (풀이 과정 문제)	2.5시간

2024년부터 MAT 시험은 온라인 시험으로 변경되었습니다. MAT는 객관식 25문항과 서술형(풀이 과정 작성) 2문항으로 구성되어 있습니다. 시험 범위는 A-level 1학년 수준의 수학 내용을 중심으로 하며, 자세한 범위는 옥스퍼드 대학 공식 홈페이지에서 확인할 수 있습니다.

시험 등록은 옥스퍼드 입학시험 사이트 (https://oxford.useclarus.com/login)에서 계정을 만든 뒤, 해당 사이트를 통해 Pearson VUE 웹사이트로 이동하여 시험 예약을 진행하면 됩니다.

2025년 시험의 경우

- 시험 예약: 8월 18일 - 9월 26일
- 시험일: 10월 22일, 23일

시험 응시는 두 날짜 중 선택한 날짜에 Pearson VUE Centre에서 진행되며, 해당 센터는 전 세계 180여 개국에 위치해 있습니다.

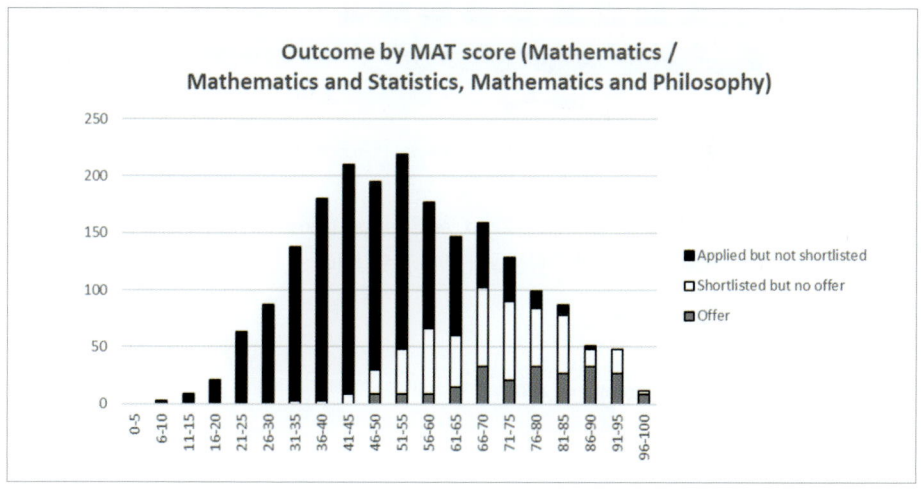

위 그래프는 2024년 옥스퍼드 세 학과 (Maths, Maths and Statistics, Maths and Philosophy)에 지원한 학생들의 MAT 결과입니다.

이 세 학과 지원한 학생들의 점수 결과는,
- 전체 평균 점수: 54.1점
- 인터뷰 오퍼 받은 학생들의 평균 점수: 71.1점
- 최종 오퍼를 받은 학생들의 평균 점수: 77.4 점

이 결과를 통해 MAT 점수가 높을수록 최종 오퍼를 받을 확률이 현저히 높다는 사실을 알 수 있습니다.

아래 표는 각 학과별로 지원자 수, 인터뷰 오퍼 (Shortlisted) 수, 최종 오퍼 수입니다. 괄호 안 숫자는 deferred entry로 2025년 입학이 아니고 1년뒤인 2026년 입학할 학생 숫자입니다.

Course	Applications	Shortlisted	Offers
Mathematics / Mathematics and Statistics	1929(1960)	632(691)	200(204)
Mathematics and Philosophy	170(173)	52(53)	24(16)
Mathematics and Computer Science	620(616)	181(206)	89(74)
Total	2719(2749)	865(950)	313(294)

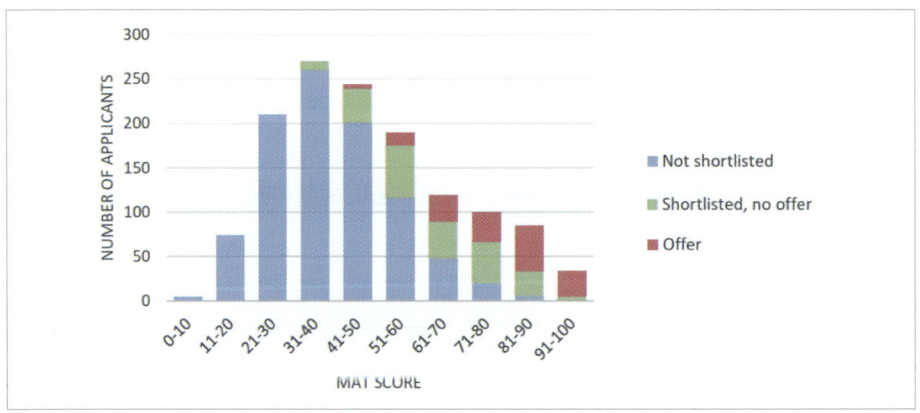

2024년 MAT 결과 (Computer Science, Computer Science and Philosophy, Maths and Computer Science)

위 그래프는 2024년 옥스퍼드 세 개 학과 (Computer Science, Computer Science and Philosophy, Maths and Computer Science)에 지원한 학생들의 MAT 점수입니다.

이 세 학과에 지원한 지원자 통계는,
- 지원자 수: 1,332 명
- 해외 학생 수 (한국 국적자 포함): 554명
- 인터뷰 오퍼 수: 153명
- 최종 오퍼 수: 72명

아래 표는 각 학과별로 지원자 평균 점수, 인터뷰 오퍼 (Shortlisted) 받은 평균 점수, 최종 오퍼 받은 평균 점수 입니다. 이 데이터를 통해 MAT 성적이 최종 합격 확률을 크게 결정하는 핵심 요소임을 알 수 있습니다.

	Applications	Shortlisted	Offers
Computer Science	42.1	63.5	73.5
Computer Science and Philosophy	40.8	56.6	60.9
Mathematics and Computer Science	55.0	77.5	83.6

TSA (Thinking Skills Assessment) 시험

시험	시험 내용	시험 유형	시험시간
Section 1	Problem-solving Skills (Numerical reasoning) Critical thinking skills	50 문제, Computer-based MCQ (객관식)	1.5 시간
Section 2	Not subject-specific	Writing task	0.5 시간

2024년부터 TSA 시험은 온라인 시험으로 변경되었습니다. TSA는 두 개의 시험 섹션으로 나누어져 있습니다. 50개의 객관식 문제와 서술형 문제로 구성되어 있습니다. Philosophy, Politics and Economics (PPE) 지원자는 섹션 1과 섹션 2 시험을 쳐야 합니다. 반면 Economics and Management (E&M), Experimental Psychology, History and Economics, Human Science, Philosophy, Psychology and Linguistics (PPL)에 지원한 학생들은 섹션 1 시험만 치면 됩니다.

시험 등록은 옥스퍼드 입학 시험 사이트 (https://oxford.useclarus.com/login)에서 계정 생성 후, 해당 사이트에서 Pearson VUE 사이트로 이동 후 시험 예약을 하면 됩니다.

2025년 시험의 경우

- 시험 예약: 8월 18일 - 9월 26일   • 시험일: 10월 21일, 22일, 23일, 24일, 27일

시험은 다섯 날짜 중 정해진 날짜에 Pearson VUE Centre에서 진행되며, 해당 센터는 전 세계 180여 개국에 위치해 있습니다.

2024년 TSA 시험 결과는 가장 인기 많은 학과인 PPE 와 E&M에 대해서 알아보겠습니다. 2024년 PPE 지원자의 시험 결과입니다.

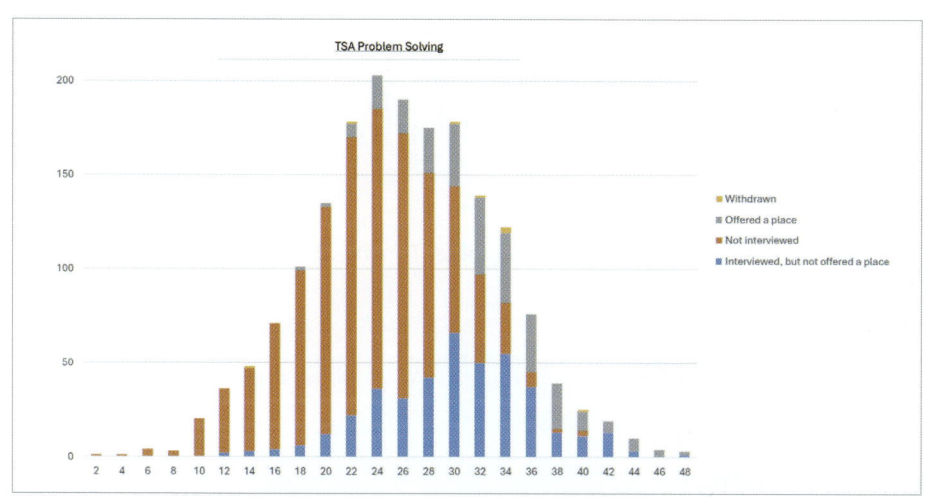

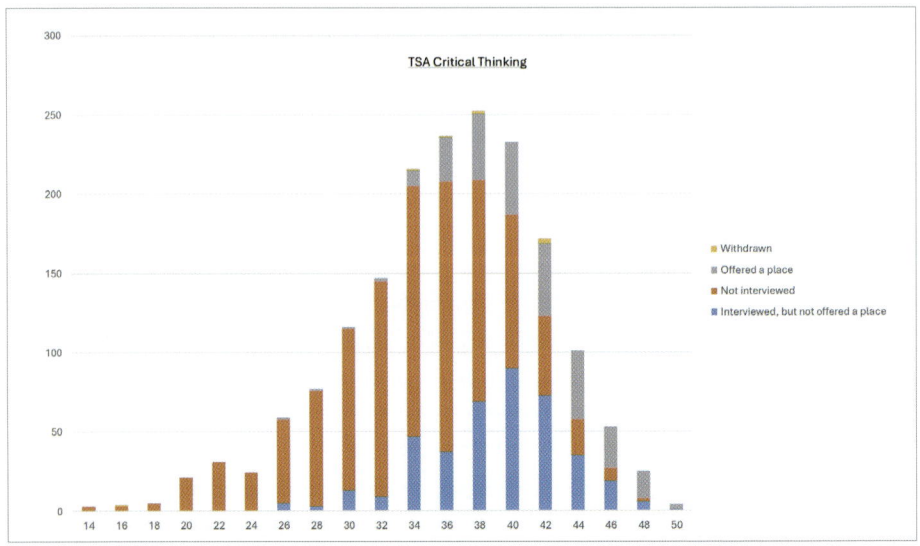

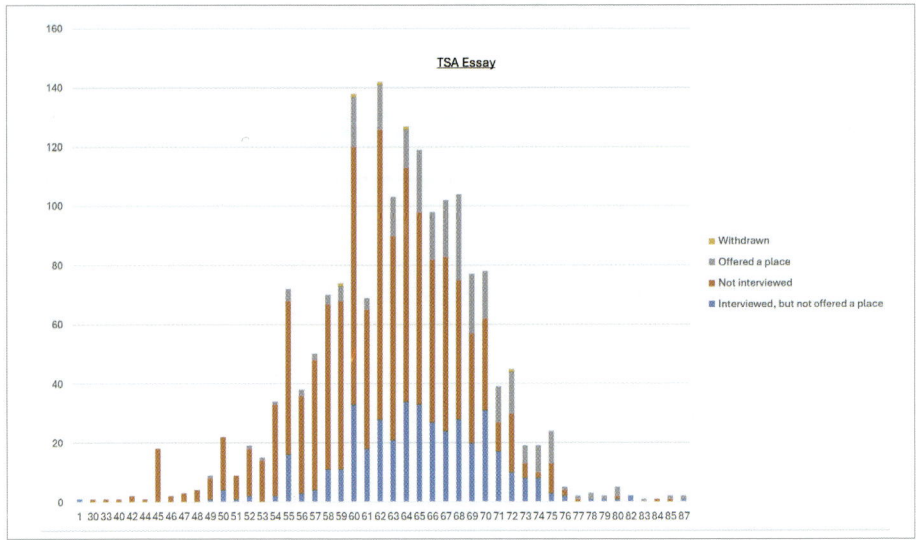

위 세 개의 그래프는 TSA Problem Solving, TSA Critical Thinking, TSA Essay의 시험 결과이며, 전반적으로 정규 분포의 형태를 띱니다.

2024년 PPE 지원자 통계를 보면,
- 지원자 수: 1,888명
- 인터뷰 오퍼 수: 685명
- 최종 오퍼 수: 266명

해외 학생 (한국 국적자 포함)은 678명 이었습니다. 인터뷰 오퍼 후 경쟁률은 대략적으로 2.75:1이 였습니다. TSA 점수가 높을수록 최종 오퍼를 받을 확률이 높은 것을 확인할 수 있습니다.

2024년 E&M 지원자의 시험 결과입니다.

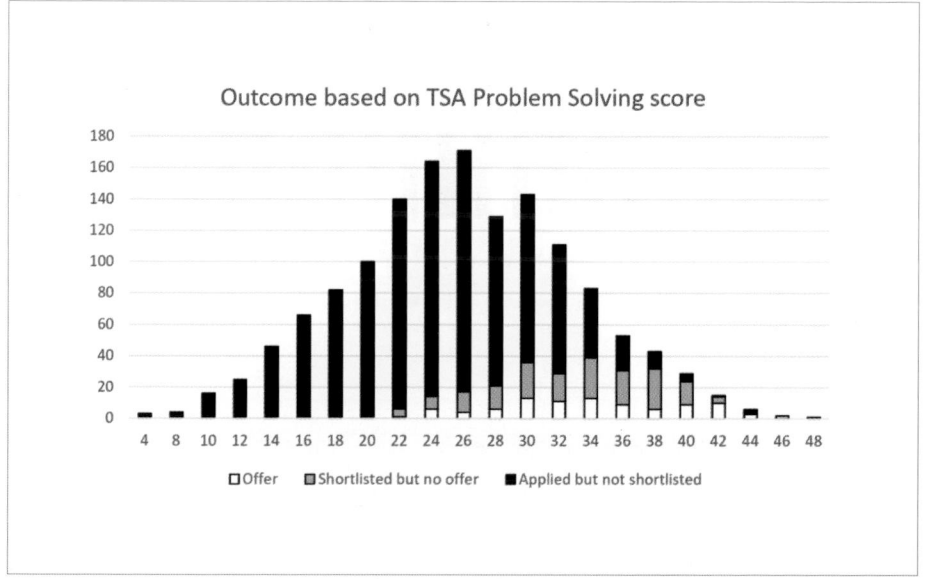

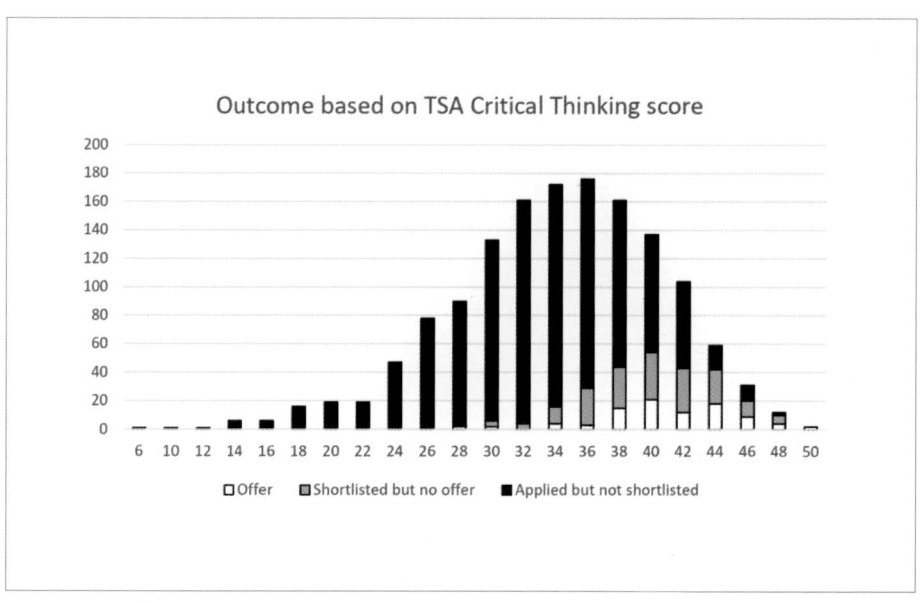

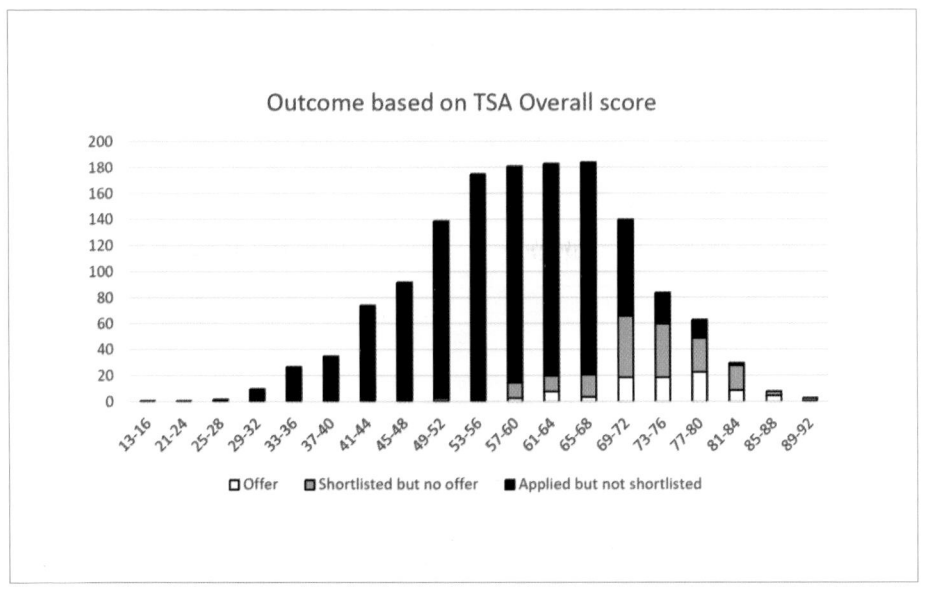

세 개의 그래프는 TSA Problem Solving, TSA Critical Thinking, TSA 전체 시험 결과이며, 마찬가지로 정규 분포의 형태를 보입니다.

2024년 E&M 지원 통계를 보면,
- 지원자 수: 1,543 명
- 인터뷰 오퍼 수: 280명
- 최종 오퍼 수: 92명

해외 학생 (한국 국적자 포함) 통계를 보면,
- 지원자 수: 745 명
- 인터뷰 오퍼 수: 96명
- 최종 오퍼 수: 29명

E&M에 지원한 해외 학생의 경우 29 자리를 두고 745명이 지원하여 약 27:1의 엄청난 경쟁으로 옥스퍼드 대학에서 가장 경쟁률이 높은 학과입니다. E&M 또한 TSA 점수가 높을수록 최종 오퍼를 받을 가능성이 크게 높아짐을 알 수 있습니다.

TARA (Test of Academic Reasoning for Admission) 시험

시험	시험 쳐야 하는 지원자	시험 유형	시험시간
Critical Thinking	모든 지원자	22 문제, Computer- based MCQ (객관식)	40분
Problem Solving	모든 지원자	22 문제, Computer- based MCQ (객관식)	40분
Writing Task	모든 지원자	One essay (750자 이내)	40분

UCL 일부 학과에서 2025년부터 TARA 시험을 온라인 방식으로 시행하기 시작했습니다. TARA는 세 개의 섹션으로 구성되어 있으며, 22 개의 객관식 문제로 이루어진 두 개의 섹션과 서술형 (에세이) 문항으로 구성되어 있습니다.

시험 등록은 UAT UK 사이트 (https://esat-tmua.ac.uk)에서 진행해야 합니다.

2025년 10월 시험의 경우

- 시험 예약: 7월 31일 - 9월 29일   • 시험일: 10월 15일, 16일

2026년 1월 시험의 경우

- 시험 예약: 10월 27일 - 12월 19일   • 시험일: 1월 12일, 13일

시험 응시는 10월 또는 1월 중 하나를 선택한 뒤, 해당 월의 두 날짜 중 원하는 날짜에 Pearson VUE Centre에서 치르게 되며, Pearson VUE Centre는 전 세계 180여 개국에 있습니다.

2025년 10월 TARA 시험 결과입니다.

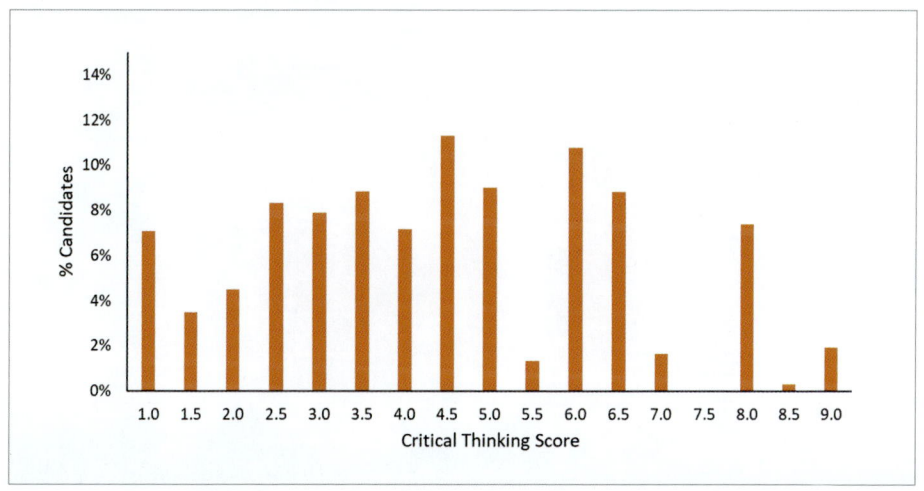

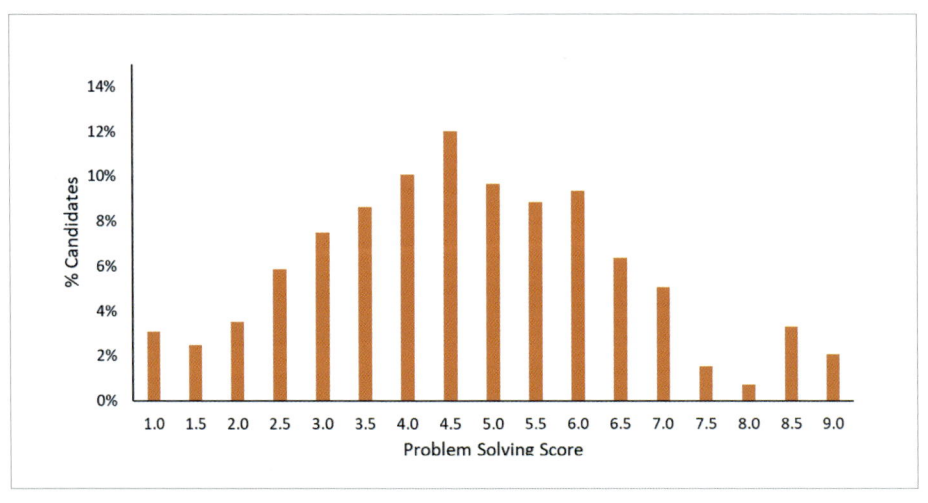

TARA 시험 점수는,
- 점수 범위: 1.0(최저) – 9.0(최고)
- 평균 점수: 4.5점대

7.0 이상이면 상위 10% 점수입니다. Writing Task는 점수로 표시되지 않습니다. UAT UK로 전송되지만 채점은 이루어지지 않으며, 대신 지원한 대학의 입학 담당 교수진이 직접 검토합니다. 이를 통해 글쓰기 능력과 주장을 논리적으로 구성하는 능력 등을 종합적으로 평가합니다.

08

영국 유학 성공과 실패 사례들

영국 유학 성공 사례들 -
영국 유학 실패 사례들 -

영국 유학
성공과
실패 사례들

영국 유학 성공과 실패 사례들을 실제 예를 통해서 안내해 드리겠습니다. 한국을 떠나서 다른 나라에 공부하러 가는 것은 결코 쉬운 일이 아닙니다. 언어와 문화가 다른 나라에서 그냥 사는 것도 힘든데 공부를 하면서 경쟁을 해야 하고 그 경쟁에서 뒤처지지 않아야 하니 더욱 힘이 듭니다. 그렇기 때문에 이런 과정을 통해 얻은 명문대 진학 및 졸업은 더욱 값어치가 있을 것 같습니다. 자신의 목표와 꿈을 이루기 위해 영국 유학을 선택한 여러분의 용기에 박수를 보내며, 영국 유학을 했던 선배들의 성공 사례와 잘못된 정보로 시작한 영국 유학의 고난 사례 등 다양한 영국 유학 이야기를 들려드리겠습니다.

첫 번째 유학 사례는 필자의 얘기로 시작하겠습니다.

필자는 1998년 한국이 IMF의 외환위기를 맞은 시기에 영국 유학을 하게 되었습니다. 그 당시 환율은 1파운드 = 3,000원이었습니다. 참고로 지금 환율은 1파운드 = 1,580원입니다. 그 당시 많은 유학생들은 높은 파운드 환율 때문에 공부를 중간에 그만두고 한국으로 돌아왔습니다. 저는 반대로 영국으로 나가게 되었는데 1998년 6월에 영국에 도착했습니다.

늦은 나이 (군대를 다녀온 20대 후반)에 하게 된 유학이라 대단한 각오로 영국 유학을 시작했습니다. 런던 시내 옥스퍼드 스트리트에 위치한 language school을 3개월 정도 다녔는데, 하루 6시간의 수업이 끝나고 나면, 매일 근처의 도서관에서 영어 공부를 한 후 집으로 갔고 저녁에는 집에서도 공부를 했습니다. 주말에는 도서관에서 영어 공부를 하거나 런던 구경을 하기도 하면서 열심히 공부하며 그 시절을 보냈습니다.

1999년 10월 Imperial College에 학부+석사 통합 과정 (M.Eng 과정, 4년)으로 입학을 했습니다. 과목 자체가 이해하기 어려운것도 있었지만, 영어 때문에 수업 내용을 이해가 힘들었습니다. 텀 기간동안에는 새벽 2시 이전에 잠을 잔 적이 없었습니다. 학교를 마치고 집에 와서 저녁 식사 후 그날 배운 강의 내용과 모르는 단어들을 찾아가면서 복습을 하며 이해를 했습니다. 중간중간에 코스웍이나 숙제 등이 있으면 주말을 이용했습니다. 매일 이렇게 반복하는 것이 정말 힘들었지만, 공부에서 오는 스트레스를 해결하기 위해 매주 1, 2회는 꼭 축구를 했습니다. 매주 수요일은 학교 수업이 오전에만 있고 오후에는 수업이 없어서 학교 근처 하이드 파크에서 선, 후배들과 함께 축구를 하면서 스트레스를 풀며 즐거운 시간을 보냈습니다. 현재에도 매주 1회 이상 꼭 축구를 합니다. 축구를 하지 않았더라면 영국에서 공부나 일을 계속할 수 있었을까 하는 생각이 들기도 합니다.

그렇게 열심히 학교에 다니던 중, 임페리얼에 다니는 다른 한국 학생들에게서 영국은 석사 학위 없이 박사를 할 수 있다는 얘기를 들었습니다. 몇일 후 학과 사무실에 찾아가서 제 계획이 박사를 하는 것이기에 굳이 석사가 필요 없다면 현재 4년 학부, 석사 통합과정에서 3년 학부 과정으로 변경해달라고 했습니다. 그날 바로 학부 3년 과정으로 변경했습니다. 그렇게 1년의 시간을 줄일 수 있다는 것이 동기부여가 되어 더욱 열심히 공부 하였습니다. 영국에서 석사 학위 없이 박사를 하려면 학부 성적이 2.1 (B 학점) 이상이 되어야 가능합니다. 한국에서는 거의 대부분의 대학생이 B 학점 이상을 받을 수 있는 구조이지만 영국은 B 학점 이상 받는 비율이 높지 않으며 중간에 퇴학을 당하는 학생들도 많습니다. 저희 과에 처음 시작할 때 65명이었는데 2학년이 되니 45명 정도로 20명이 성적 미달로 유급이나 퇴학을 당했으며 3학년 때는 30명 정도의 학생만 남게 되었습니다.

필자는 1, 2학년 성적이 1st (A 학점)로 성적이 좋아서 3학년 시작 첫 텀에 케임브리지 박사과정을 지원하게 되었습니다. 원서 접수 후 케임브리지 대학에서 인터뷰 오퍼가 왔습니다. 케임브리지 대학 Materials Science 학과에서 3명의 교수님과의 면접을 하고 실험실을 둘러볼 수 있었습니다. 면접은 잘 마쳤으며, 면접 후 일주일 지나서 케임브리지 대학에서 조건부 입학의 합격을 받았습니다. 최종 졸업 성적 2.1 (B 학점) 이상을 받아오라고 했습니다. 1, 2학년 성적이 좋았으므로 2.1 이상의 학점을 받는 것은 어렵지 않았습니다.

2002년은 대한민국이 월드컵 4강에 진출한 해인데, 이해 10월에 필자는 케임브리지에서 박사과정을 시작하게 되었습니다. 영국의 박사 과정은 지도 교수는 있지만, 학생이 스스로 모든 것을 알아서 해야 합니다. 지도 교수는 가이드를 해 주는 정도였습니다. 논문, 저널, 책을 바닥부터 쌓아서 천장에 닿을 정도의 양을 읽지 않으면 박사 과정을 진행할 수 없다고 하는데 필자도 당시 엄청난 양의 논문, 저널 책을 읽었습니다. 케임브리지 박사과정은 1년 차에 1년 차 논문과 2과목 시험을 쳐야 하는데 이 과정을 통과하면 정식 박사 2년 차가 됩니다. 간혹 2년 차에 올라가지 못하는 학생들이 있는데, 필자는 무사히 1년 차 과정을 마치고 2년 차에 올라갔습니다.

박사 과정을 하면서 필자의 목표는 남들보다 빨리 박사 과정을 마치는 것이었습니다. 늦은 나이에 시작한 영국 유학이라 필자에게는 시간을 줄이는 것이 엄청 중요했습니다. 학부 때도 새벽 2시전에 잔 적이 없었는데, 박사 과정 때는 남들이 1년에 몇 번씩 휴가를 가기도 하고, 한국 박사과정생들의 경우 일년에 최소 한 번 이상 한국을 다녀오기도 할 때 필자는 휴가 없이 박사과정을 진행했습니다. 이 기간에 주말마다 수학, 물리를 학생들에게 가르쳤습니다. 주말에는 박사과정 관련해서 공부를 할 수가 없어서 주말에 못하는 공부를 보충하려고 주중 늦은 시간까지 연구를 했었습니다.

열심히 하기도 했고 실험 결과도 좋아서 박사 3년 차에 논문을 완성할 수 있었습니다. 논문을 제출 후 논문 심사도 무사히 통과하면서 학부 시작 한지 6년만에 박사 학위를 받게 되었습니다.
필자가 영국 유학을 하면서 현재 유학 중인 후배들이나 앞으로 유학할 학생에게 다음과 같은 조언을 해 주고 싶습니다.

- 구체적인 목표를 가져라!
- 목표를 위해 끊임없이 노력하라!
- 스트레스를 풀기 위한 자기만의 취미를 가져라!

영국 유학에서 성공이란? 참 어려운 질문입니다. 영국 최상위권 대학 입학을 못 하면 유학 실패일까요? 필자가 생각하는 성공한 영국 유학은 처음 유학 올 때 세웠던 목표 또는 그 이상의 성과를 이룬다면 성공이라 생각합니다. 성공적인 영국 유학을위해 목표를 가지고, 끊임없이 노력하기 바랍니다.

다음에 소개 할 영국 유학 성공기는 문답식으로 구성을 했습니다.
유학 성공기의 유학생 이름은 개인정보 보호 차원에서 노출하지 않겠습니다.

Fighting
합격수기

학생들이 쓴 수기 내용 수정 없이 올립니다.

맨체스터 대학, 치대 합격
〈오OO〉

영국 유학 계기?
부모님께서 OOO유학원 박람회를 통해 영국 유학을 결심하셨습니다. 12살 어린 나이에 유학을 하게 되어 모든 것이 힘들었지만, 지금 생각해보면 또래에 비해 더 어른스럽고 모든 것을 결정하고 책임을 질 수 있는 올바른 사고 가치와 무엇이든 할 수 있다는 자신감을 가진 사람이 된 것 같습니다.

처음와서 영어가 힘들었을 텐데 어떻게 극복했는지?
당연히 누구나 처음 왔을 때에는, 환경도 낯설고 영어를 못하기에 저 역시 말을 쉽게 하지 못했습니다. 하지만 영국 친구들과 좋아하는 축구를 하면서 영어를 조금씩 하면서 남에게 말을 할때 자신감이 생겼습니다. 그러면서 점차 친구들이랑 관심있는 분야에 대해서 얘기도 나누고 친하게 지냈습니다. 시간이 지나면서 영어에 대해 자신감도 더 생기고 영국 생활이 흥미롭게 느껴졌습니다.

영국 학교 생활은 얼마나 만족했는지?
GCSE 까지는 런던에 있으면서 한인 가디언집에 있었습니다. 그렇지만 한인 가디언들이 정확한 영국교육제도나 의/치대 입학 절차도 잘 모르시고 해서 A-level 첫 하프텀 때 CEC영국 본사에서 공부를 하게되었습니다. 그때 케임브리지 지역에 다니는 형들과 친구들의 추천 및 원장님의 정확한 의대 컨설팅을 통해서 케임브리지에있는 International Sixth form (A-level 전문 학교)으로 학교를 옮기게 되었습니다. 중학교는 영국 정통사립학교를 다녔는데 케임브리지로 학교를 전학하면서 Sixth form college를 처음으로 접하게 되었는데, 모든 시스템이 달라서 처음엔 익숙하지 않았습니다. 그렇지만 Sixth form college의 경우 장점은 free period가 많아서 주중에도 CEC학원에서 제가 원하는 수업도 들을 수 있으면서 자기만의 공부 시간이 많다는게 장점인거 같아요. 그리고 매월 CEC 테스트를 통해서 본인의 학습 평가를 할 수 있어 내가 해야 할 공부 및 부족한 부분을 언제든지 수업을 할 수 있어 실력 향상에 큰 도움이 된 것 같습니다. CEC의 가디언 학생이 되면서 무엇보다 교육원 시스템중에 주말 및 휴일에도 항상 아침 일찍나와야 해서 공부시간도 많아지고 그리고 원장님이나 실장님께서 가이드 해주시니깐 좋았던거 같습니다. 처음에는 이런 시스템이 적응이 안되었지만, 내가 나태해지고 느슨함을 관리를 해 주시니 결국 나의 노력과 이런 많은 도움이 영국 최고의 치대에 입학하게 되었습니다. 또한, 매일 공부만 하면 스트레스도 생기고 어려움이 있을 수 있으나, 매주 케임브리지 대학 한인 학생들이랑 학원학생들끼리 축구를 해서 인맥도 쌓을수 있고 공부 스트레스도 날릴 수 있어 정말 좋았습니다.

치대에 입학을 했는데 어느정도 열심히 공부했는지?

의/치대는 외국인 학생들 정원이 7%밖에 안돼서 경쟁이 엄청 치열합니다. 보통 영국 치대들은 한 학교당 4~6명 밖에 뽑지 않아서 심리적으로 더욱 부담이 되었습니다. GCSE때도 열심히 해서 좋은 GCSE성적이 있어야 되며 물리 A-level 성적도 좋아야해서 꾸준히 열심히 공부를 했습니다. 케임브리지에 와서는 거의 주말마다 필요한 수업 및 자습을 하면서 문제도 많이 풀어 보았던 기억이 아직도 있습니다. 아침 9시에 학원에 나와서 오후4~6시까지 공부를 하고 학원 기숙사에 가서 또 공부를 했습니다. 무엇보다도 기숙사가 공부하는 분위기가 형성되어 있어서 좋았습니다. 같은 학년 끼리는 경쟁도 하고 서로의 공부 도움을 주고, 또한 정보도 교환하며 발전적인 영향이 많았던 것 같습니다.

치대 입학을 위해 특별히 준비해야 되는 것이 있다면?

물론 성적은 좋아야하며, 봉사활동이나 work experience 등이 매우 중요합니다. 저는 체코에 가서 봉사활동도 하며 구강악 안면외과의사 (maxillofacial surgeon)한테 work experience를 했습니다. 그뿐만 아니라, 운동이나 악기를 하는것도 나중에 personal statement 쓸 때 아주 도움이 많이되니 공부 외 다양한 액티비티를 많이 하는게 좋습니다. UCAT시험도 준비 해야 되며, CEC 서울지사에서 수업도 들으면서 많은 준비도 했습니다. UCAT은 670점 이상이 되어야 원서 지원 시 좋은 것 같습니다. 그렇지만 시험이 되게 어려워서 보통 영국 평균 점수가 630점 정도입니다. 인터뷰 준비도 철저하게 해야 합격을 할 수 있습니다. 그래서 저는 작년에 학원을 통해서 원장님께서 소개해준 치과의사 두 분한테 인터뷰 수업도 들었습니다. 그때 도움이 정말 많이 되었던거 같아요. 좋은 정보와 인터뷰팁도 많이 들었고 인터뷰 연습도 많이 했었어요. 또한, Manchester, Leeds ,Belfast 3곳에서 offer가 왔었고, 그 중에 영국 치대 1위인 Manchester를 선택을 했습니다. 제가 여러 학교에 합격한 비결은 인터뷰 하루 이틀 전에 미리 도착해서 현재 학교에 재학 중인 치대생들에게 "내가 이 학교에 꼭 합격하고 싶어서 미리 학교를 둘러보고 있다. 혹시 괜찮으면 약간의 팁이라도 준다면 감사하겠다." 라고 말하는 적극성이 아닐까 생각합니다.

앞으로의 계획?

5년 학과공부를 끝내고 영국에서 구강외과를 전공하고 싶습니다. 그리고, 영국의 선진 의료 장비와 한국의 의료서비스를 접목한다면 의료의 질과 삶의 질의 향상에 도움이 되는 의사가 될 수 있을거라 생각합니다.

후배들에게 하고 싶은말?

지금 열심히 하면 나중에 결국엔 웃는날이 오니깐 끝까지 열심히 하길! 열공! 하루 하루가 아까운 시간이니, 내게 목표가 있고, 그 목표까지 최선을 다한다면 결국에는 좋은 결과가 있을거라 믿는다. CEC 후배들이여! 지금은 어렵고 힘든 상황이지만, 그 결과는 행복할거야 !

케임브리지 합격
〈박OO〉

영국유학의 계기는?

유학은 일단 외국이 한국보다 공부하는데 스트레스를 덜 받고 더 좋은 환경에서 공부할 수 있다는 생각에 고려를 해보게 되었습니다. 게다가 제 사촌 형과 사촌 누나가 이미 유학을 가 있는 상태여서 조금 더 쉽게 유학 결정을 할 수 있었습니다.

왜 영국을 선택하게 되었는지?

우선 사촌들이 영국에서 유학하고 있었던 것도 있지만 어릴 때부터 경제학을 전공하고 싶다는 생각이 있었고 세계 금융의 중심지는 영국 런던이라는 생각에 조금 더 쉽게 영국을 선택할 수 있었습니다.

처음 와서 영어가 힘들었을 텐데 어떻게 극복했는지?

저 같은 경우는 어릴 때 캐나다로 어학연수를 다녀온 상태여서 영어가 많이 힘든 상태는 아니였지만 오히려 새로운 환경에 적응하기가 쉽지는 않았습니다. 하지만 그럴수록 더욱 더 현지 영국 친구들이랑 더 친하게 지내려고 노력하고, 일부러 학업이나 다른 활동들에 더욱 집중했습니다. 그렇게 하다 보니 조금 더 빨리, 쉽게 영국 생활에 익숙해 진 것 같습니다.

영국 학교 생활은 만족했는지?

영국에서 year 8 부터 year 11까지는 private boarding school에 있었는데 한국이랑은 달리 학교 자체가 시설도 좋고 extra curriculum 활동이 많아서 굉장히 재미있고 만족할만한 시간을 보냈습니다. 그리고 A-level 올라갈 때는 저의 친형이 케임브리지 교육개발원 (CEC) 한영호 원장님을 소개해 주었고 원장님이 추천해 주신 케임브리지에 위치한 sixth form college (A-level 전문 학교)에 다녔는데 이는 조금 더 학업에 집중해서 좋은 대학에 가기 위해서 였습니다. 물론 전반적인 시설이나 활동 같은 것은 boarding school 이 더 좋지만 sixth form college 에서는 오히려 편하게 공부할 수 있는 환경이 만들어져서 마음 편히 공부 할 수 있었던 것 같습니다. 전반적으론 영국 학교 생활을 하면서 큰 불만 없이 매우 만족스러웠습니다.

케임브리지에 입학을 했는데 어느정도 열심히 공부하고 준비했는지?

우선 케임브리지에 입학하기 위해서 가장 중요한 것이 AS 성적과 Interview 준비라는것을 CEC 원장님을 통해 알았기 때문에 AS 때는 CEC에서 매달 치는 test 를 통해서 취약한 부분을 찾아내고 앞으로 공부 계획들에 대해 원장님과 끊임없는 대화를 통해서 성적을 향상시켰습니다. 집에서 스스로 공부할때도 항상 학교 수업에 앞서서 예습을 했습니다. 공부량은 수학 같은 경우에는 책에 나오는 모든 문제를 기본적으로 한번씩은 풀어봤을 정도로했던것 같습니다. 또한 Interview 준비를 할때는 CEC 원장님의 도움을 많이 받아서 이미 케임브리지 경제학과에 재학 중인 선배님들께 조언을 많이 구하고 어떤식으로 준비를 해야하는지를 배웠습니다. 저 같은 경우엔 CEC 를 통해서 Interview 수업을 굉장히 많이 들었는데 이는 굳이 인터뷰때 똑같은 문제를 대비하기 위해서가 아니라 실제 인터뷰때 긴장하지 않고 제 실력을 충분히 발휘하기 위한 연습이었습니다. 또한 인터뷰 준비는 AS 공부할때 보다 더욱더 열심히, 철저히 학교에서 배우는것 외에 제가 평소에 경제에 관련되서 관심있는 분야나 PS에 쓴 부분을 공부했습니다. 이런 일련의 준비들이 많은 도움이 되었습니다.

앞으로의 계획?

앞으로의 계획은 우선 케임브리지에 입학하니 지금까지 했던 것 보다 더욱더 열심히 해서 새로운 환경에 적응하고, 담당 교수의 신임을 받는것이 중요하다고 생각합니다. 또한 방학 동안 틈틈히 인턴을 준비해서 졸업하고 나서도 제가 하고자 하는 일을 할 수 있도록 노력할 예정입니다.

영국 유학 중이나 준비 중인 후배들에게 하고 싶은 말

우선 대부분, 거의 모든 사람들이 영국이 공부하기에 더 좋은 환경과 더 좋은 대학교를 갈 수 있다는 기회가 있기에 유학을 온다고 생각합니다. 그렇기 때문에 자기가 공부하고 싶거나 하고 싶은 일이 무엇인지 항상 생각하면서 열심히 공부했으면 합니다. 특히나 year 9 부터 year 12, GCSE 부터 A-level 이나 IB 를 하면 지금 당장 하는 공부가 자신이 갈 대학교 그리고 미래까지 바꿀수 있다고 생각합니다. 그렇기에 충분히 영국 학교들이 제공해 주는 extra curriculm 활동이나 스포츠를 즐기는 대신, 자기 공부도 소홀히 하지 않고 항상 철저히 준비하고 열심히 공부하면 누구나 자기가 원하는 대학이나 그보다 더 좋은 대학을 갈 수 있다고 생각합니다.

케임브리지 합격
〈조OO〉

영국 유학 계기
영국 유학 직전에 지사 근무를 하시는 아버지를 따라 사우디아라비아에서 살았습니다. 사우디에 있을 당시 영국계 외국인 학교를 다녔었는데, 지사 임기를 마치신 아버지가 한국으로 돌아가기로 했을 때 저는 외국인 학교에서의 공부를 이어서 하고 싶었습니다. 더 넓은 곳에서 공부하고 싶었기에 영국 유학을 보내달라고 부모님께 청했고 어린나이에도 불구하고 유학을 가고 싶어한 저를 기특하게 여기신 부모님께서 보내주셨습니다.

처음 와서 영어가 힘들었을 텐데 어떻게 극복했는지?
저는 어렸을 때, 아버지의 회사 지사 근무로 인도네시아와 홍콩에서 살았는데 그때 외국인 학교를 다닌 경험이 있어서 영어에는 어려움이 전혀 없었습니다.

영국 학교 생활은 만족했는지?
영국 학교 생활이 전반적으로는 정말 즐겁고 값진 경험이라고 할 수 있습니다. 물론, 첫 해는 어려웠습니다 특히 제가 다닌 고등학교 Harrow School은 영국 전통 사립학교로써 영국 학생들의 텃세가 은근히 심해 초반에 고생을 좀 하였는데 시간이 지나니 자연히 나아지더군요. 제가 무엇보다 영국 사립 학교 교육에 만족을 느낀 부분은 바로 과외 활동입니다. 물론 공부는 기본이죠. 학교에서 수준 높은 선생님들에게 좋은 가르침을 받을 수 있었는데 그 이외의 부분들 – 스포츠와 음악에 있어서 아주 좋은 시설과 환경을 누릴 수 있었습니다. 특히 음악에 주력했던 저로써는 왕립 음악원 교수님이 매주 학교를 찾아와 레슨을 받을 수 있다는 혜택과 원할때 언제든지 최상급의 그랜드 피아노에서 연습을 할 수 있다는 점은 두 번다시 돌아오지 않을 기회였습니다. 그 덕분에 고등학생 때 저의 피아노 실력은 일취월장하였고 대학 입학 직전 피아노 디플로마 LRSM을 따게 되었습니다.

옥스퍼드 입학을 했는데 어느정도 열심히 공부했는지?
옥스브리지에 입학하는 학생들은 당연히 다른 학생들보다 열심히 공부를 합니다. 좋은 GCSE와 A-level성적을 유지하기 위해서 꾸준히 공부를 해야하고 옥스브리지 면접 준비를 위해 미리 전공관련 배경지식들을 쌓아야하기 때문에 열심히하죠. 저 또한 다르지 않았습니다.

졸업 후 영국 내 회사에서 일하는 이유는? 어떤 회사인지?
저는 현재 외국계 증권회사에서 일하고 있습니다. 런던은 유럽금융의 중심지라 가장 많은 것들을 보고 배울

수 있습니다. 어릴 때부터 증권사에 대한 막연한 동경을 갖고 있었는데 대학을 가서 채용 설명회도 열심히 다니고 금융권에서 일하시는 분들과 접촉을 하면서 정말 제가 하고 싶었던 일이라는 것에 대한 확신을 갖게 되었습니다. 가늠하기 어려운 큰 자금들이 움직이는 것을 보면서 그 큰 그림의 일부가 되고 싶었습니다. 증권사 안에서도 다양한 부서들이 있는데 각기 다른 상품들을 담당하며 다른 일을 함으로 미리 정보를 얻어 알아보는 것이 중요합니다. 인턴쉽도 반드시 해야합니다.

영국에서 한국 출신 또는 옥스퍼드 출신이라 특별한 대우나 차별대우가 있는지?

영국, 특히 런던은 전반적으로 아주 국제적인 도시이기 때문에 한국인이라는 것에 대한 인종차별은 심하지 않습니다. 물론 인종차별 전혀 없다고 말하기는 힘들지만, 본인만 융통성이 있다면 외국인들과 어울리는데 크게 문제 되지 않을 것입니다. 저는 크게 차별을 느끼지 못했습니다. 좋은 친구들도 많이 사귀게 되었죠. 아무래도 옥스퍼드 출신이라는 것에 대해서 사람들의 시선이 모아지기는 하지만, 직장에서는 실력으로 승부하기 때문에 출신 대학이 그렇게 중요하지는 않습니다.

앞으로의 계획?

앞으로는 영국의 금융권에 종사하면서 최대한 경험을 쌓을 생각입니다. 이 넓은 곳에서 경험을 쌓은 후 한국으로 돌아갈 생각입니다. 한국 사람인 제가 유학을 와서 많은 것을 보고 배웠으니 이제까지 받기만했던 것을 조국으로 돌아가 우리 형제 자매들과 나누는 것이 도리라고 생각합니다.

후배들에게 하고 싶은 말

유학와서 열심히 살기 바랍니다. 공부뿐만 아니라 유학을 와서 누릴 수 있는 모든 혜택들을 최대한 활용하세요. 그리고 언젠가는 한국으로 돌아가세요.

케임브리지 합격
〈한OO〉

영국유학의 계기는?

한국에서 오랫동안 준비 해왔던 특목고 입학에 실패한 뒤에 처음에는 이모가 계신 영국으로 유학을 떠나게 되었습니다. 특목고를 준비하는 동안에 수학 과학 영어 그리고 국어위주로 공부를 하였기에 그 외 다른 과목에 대한 공부가 너무나 덜 된 상태에서 일반 고등학교로 가서 이미 모든 과목에 대한 어느 정도 지식을 갖고 있는 친구들과 경쟁 한다는게 두려웠습니다. 또한, 당시에 너무 큰 상처를 받았고 그 일을 계기로 미래에 대한 불안감, 낮은 자존감과 더불어 죄책감 등을 가진 복잡한 상태였습니다. 그래서 그 모든것을 한번에 떨쳐 버리고자 너무나 무모하게도 영국 유학을 택하게 되었습니다.

왜 영국을 선택하게 되었는지?

위에 언급 했듯이 이모님께서 당시 이미 영국에 정착을 하셨기에 홀로 영국 런던으로 유학 생활을 가게 되었습니다. 그러기에 항상 이모님과 이모부님께 큰 감사함을 느낍니다. 뿐만 아니라 공부하고 싶었던 물리의 경우 그 분야에서 세계적으로 유명한 선진 대학교들이 영국에 많이 있다는 사실이 교육적인 측면에서 영국 유학을 부추기는 이유 중 하나였습니다. 그와 더불어 영국 고등학교에 해당하는 과정인 A-Level 에서는 자신이 하고 싶은 3~4개의 과목만 집중적으로 공부 할 수 있다는 사실도 매력적으로 느껴졌습니다.

처음 와서 영어가 힘들었을 텐데 어떻게 극복했는지?

워낙에 너무 짧은 시간안에 영국 유학을 결정 했는지라 영국 유학 시스템과 대학교 입학과정은 물론 영어에 대한 준비가 전혀 되어 있지 않았습니다. 한국에서는 과학 고등학교를 목표로 한지라 수학과 과학에 대해서 너무 치중되게 교육을 하여서 영어 실력은 더더욱 바닥을 기어다녔습니다. 한국에 있는 동안 받은 영어 사교육은 초등학교 시절 X선생 영어 교실 2년 정도 이며 그 이후에는 오로지 학교에서 받은 영어 수업이 전부였습니다. 그래서 영국 유학을 가서 처음 7~8 개월은 영어만 배웠습니다. 첫 한 달은 아무 의사소통이 되지 않아 너무 답답했던 기억이 납니다. 감사하게도 이모부가 영국인이라 많은 시간 그와 함께 대화하면서 영어 실력이 많이 늘었습니다. 8개월 정도의 시간 동안 극소수의 한국인 만을 만나며 한국어를 자제하고 영어만 사용했던 점과 개인적으로 라디오를 오랫동안 듣는 습관도 영어 실력 향상에 도움이 되었습니다.

영국 학교 생활은 만족?

8개월 정도 영어 공부한 런던에 소재한 International Sixth Form College (A-level 전문 학교) 에서 2년간 A-level 과정을 수료 하였습니다. 인원수가 워낙 많이 없고 선생님들도 너무나 우수 하셨기에 교육적인 측면에서는 아쉬움이 없었습니다. 그 곳에서 꾸준히 성실하게 좋은 성적을 유지 하였기에 장학금도 받는 등 큰 혜택을 누렸습니다. 다만 아쉬웠던 점은 너무나 케임브리지라는 목표가 간절 하였기에 공부 외에 다른 활동, 예를 들면 운동이나 친구들과의 여행과 만남 등 추억을 많이 만들지 못한것에 대한 아쉬움이 여전히 남아 있었습니다. 학교 위치는 런던 시내에 있어서 오히려 생활 하는데는 큰 무리 없이 잘 지냈습니다. 아무래도 가장 큰 문제점은 홀로 식생활을 해결해야 하는 점이었습니다. 학교에 식당이 없고 어린 나이여서 요리를 할 수 없다보니 하루 3끼를 사먹었습니다. 그 당시에는 아침에 눈을 뜨면 오늘은 뭐를 먹을까 라는 고민이 제일 먼저 들었습니다. 8개월이란 짧은 시간 동안 영어를 하고 바로 A-Level 수업을 하였기에 몇 가지의 어려움이 있었습니다. 우선 친구들과 의사소통이 수월하지 못하였고 물리나 화학처럼 수학에 비해 설명하는 문제가 많은 과목들에 대해서 초반에 고전을 하였습니다. 다행히 이런 문제점들을 빨리 깨닫고 보완하려고 많은 노력을 하여서 좋은 결과들이 나왔습니다.

케임브리지에 입학을 했는데 어느정도 열심히 공부하고 준비했는지?

케임브리지 대학교 입학은 한반도 통일을 간절히 소망하는 사람들처럼 너무나도 간절한 목표 였습니다. 한국에서 중학교를 마치고 바로 영국으로가서 3년이란 시간 동안 케임브리지에 합격해야 한다는 부담감과 더불어 한국에서 마냥 볼 수도 없는 아들을 지지해주신 너무나도 존경스러운 부모님의 기대치와 또한 한국에서 이미 특목고 실패를 만회하고 싶다는 개인적인 욕심들이 복합접으로 작용해서 저에게 늘 자극제가 되었습니다. 하지만 의욕만 앞선다고 모든 일이 되지는 않았습니다. A-level 1년 과정인 AS를 끝나고 나온 성적이 기대 이하 였습니다. Math, Further Math 와 Physics 에서는 만점에 가까운 점수를 받았지만 Chemistry 에서 92점 (100점 만점) 을 받았습니다. 워낙 케임브리지 대학교에 입학하는 친구들의 점수가 만점에 가까웠기에 저로서는 너무 큰 패널티를 갖게 되어서 사실 그 당시 1년 더 AS를 할까 아니면 다른 학교를 알아볼까 등 다른 방향을 진지하게 고려 하였습니다. 그래서 한국에 계신 부모님이 다수의 영국 유학원을 알아보셨는데요 그 때 구세주처럼 케임브리지 교육 개발원 (현 CEC) 이 등장 하였습니다. 수년간의 경험과 실력을 갖추신 한영호 원장님께서 전략적으로 원서 작성부터 인터뷰 준비, 컬리지 선택 등 제 영국 생활 가장 중요한 시기에 눈과 발이 되어 주셨습니다. 특히나 인터뷰 준비는 인터넷에 정보가 없기 때문에 너무 막막하기만 했는데 그때, 한영호 원장님께서 도와 주신게 아직도 제 인생에 잊지 못 할 감사함으로 남아 있습니다. 그 당시 저에게 인터뷰 준비 수업을 해주신 너무나도 존경하고 물리에 천부적인 재능 있으신 강기훈 선배님께도 감사의 말씀 드립니다. 이런 수많은 도움 속에서 케임브리지 Robinson College 에서 조건부 입학 자격을 받았는데요. 오퍼 조건 자체가 워낙 세서 기쁨보다는 걱정이 앞섰던 게 사실 입니다. 그래서 1월초에 오퍼를 받은뒤에 시험이 있는 6월까지 5개월의 시간동안 손가락에 꼽힐 횟수 동안만 쉬고 나머지 시간동안은 매일매일 도서관에가서 적어도 6시간 많게는 12시간 이상 공부를 하였습니다. 지금 대학교 2학년을 마친 시기에 되돌아보면 제 인생에서 그 때만큼 무언가가 간절했던 적이 없습니다. 그렇게 피땀 흘려공부하는 시간 동안 저도 모르게 케임브리지 대학교 입학에 대한 확신이 점점 강해졌고 결과 또한 저를 배신하지 않았습니다.

앞으로의 계획?

지금 전공이 자연 과학이고 그 중에서도 순수 물리의 길을 걷고 있기에 남은 2년의 시간동안 케임브리지 대학교에서 꾸준히 물리 공부를 해가며 물리에 대한 감각과 재능을 키우는게 가장 큰 목표 입니다. 4년 과정이 끝난 뒤에는 한국으로 다시 돌아와서 군복무 문제를 해결해야 합니다. 그 뒤에는 아직 특별한 목표나 계획이 없습니다. 워낙에 5년 이상의 시간이 남았기에 한국에 돌아와서 군복무 해결 하는 동안 천천히 여유롭게 생각 할 예정입니다. 저의 미래와 더불어 제가 갖고 있는 작은 재능을 주변 사회에 공유 하는것도 하나의 목표 입니다. 특히 공부를 하고 싶지만 사정이 어려운 친구들을 위해 헌신하고 싶습니다.

영국 유학 중이나 준비 중인 후배들에게 하고 싶은 말

제가 처했던 상황을 지금 경험하거나 또는 경험 하게 될 친구들에게 형식적인 말들은 오히려 효과가 없을거 같아서 차라리 조금은 새로운 말을 하고 싶습니다. 너무나 미친듯이 공부에만 몰두하는 것을 말리고 싶습니다. 일주일에 한 번은 공부를 하지 않고 여가 생활이라던지 하고 싶은 일을 하면서 앞으로만 가지말고 뒤도 돌아 보면서 가는 것을 추천하고 싶습니다. 그러면 심신의 여유 뿐만 아니라 뇌의 효율성도 증가하게 될 것입니다. 또한 연애는 대학교가서 한다는 보장은 없지만 가급적이면 고등학교 시기에는 연애에 시간 투자를 안하는 것이 좋을거 같습니다. 항상 어른들이 말씀하신 것처럼 공부해서 절대로 남에게 안 줍니다. 200% 본인에게 돌아옵니다. 목표를 달성하면 주변에서 바라보는 시선이 달라지고 없었던 자신감이 생깁니다. 항상 목표를 위해 노력합시다. 대학교 입학해서 신입생인 1학년 때는 절대로 절대로 선배님들에게 밥사달라는 말을 두려워 하지 맙시다. 그 1년이 제일 중요합니다. 마지막으로 공부가 어렵거나 고민이 있으면 늘 우리의 구원자 역할을 해주는 CEC를 찾아 갑시다!

케임브리지 합격
〈이OO〉

영국유학의 계기는?

저는 한국에서 여러 번 수능시험을 응시했으나 평소만큼 성적이 나오지 않아 원하는 대학에 진학할 수 없었습니다. 이전까지 유학을 생각해 본적도 없었고, 외국이라고는 잠깐 동안 여행밖에 가보지 않았던 만큼, 처음엔 불확실성으로 인한 두려움이 앞섰습니다. 하지만 수직적, 획일적이었던 한국교육을 이십여 년간 받았던 제게는 한편으로는 유학생활에 대한 막연한 동경과 기대가 있었습니다. 다른 환경, 나라에서 제가 원하는 공부를 하고, 동시에 다양한 학생들과 공부하면서 제 가능성, 잠재성을 확인해보고 싶어 무작정 유학 길에 오르게 되었습니다. 어떻게 보면 다소 감정적인 선택이었다는 생각이 듭니다.

왜 영국을 선택하게 되었는지?

저는 22살(한국나이)에 유학을 가기로 결심했습니다. 학부로 들어가기에는 꽤 늦은 나이었고, 미국대학교는 어릴 때부터 봉사활동, 수상, 대외활동 등 여러 활동들을 미리 준비했어야 한다고 들었습니다. 반면, 영국은 대입과정 자체가 미국보다 좀 더 academic 한 부분을 중시하고, 학부도 3년 과 석사 1년이라는 점이 제겐 매력적으로 느껴졌습니다. 사실, CEC 교육원 오기 전에 1년 이라는 시간을 잘못된 컨설팅으로 허무하게 시간을 보낸 적 있습니다. 모 유학원의 잘못된 정보와 A-level 과목 선택으로 아쉬운 1년을 보냈지만, 그 이후 CEC 한영호 원장님의 컨설팅으로 제가 가지고 있는 잠재성을 불러 일으킬 수 있었습니다. 한국교육과 마찬가지로 영국교육은 정보와 경험 등 제가 잘 알지 못하기에, 전문성을 가진 교육원 및 영국 교육 전문가의 컨설팅 및 관리의 중요성은 가장 중요한 기본인 것 같습니다.

처음 와서 영어가 힘들었을 텐데 어떻게 극복했는지?

사실 해외유학 경험도 없고, 한국에서 입시위주의 영어를 공부해서 그런지 처음에는 힘들었습니다. 하지만, 유학을 가기로 결심한 그 순간부터 ielts공부는 물론이고 BBC, inbetweeners와 같은 뉴스나 영국드라마를 자주 듣고 보며 영어를 최대한 많이 접하려고 노력했습니다. 또한 학교에서는 최대한 영어를 쓰려고 노력했고, 외국인 친구들에게도 먼저 다가가 얘기하면서 서서히 늘게 된 것 같습니다.

영국 학교 생활은 만족?

전체적으로 만족했습니다. 한국에서 중,고등학교, 수능준비 할 때보다 훨씬 스트레스도 덜 받았고, 제가 관심 있고 대학에서 공부하고 싶은 분야에 대해 알아볼 시간도 많이 있었던 것이 특히 좋았습니다. 수업도 한국보다 늦게 시작해서 일찍 끝났기에 저에겐 더할 나위 없이 좋았습니다. 또한 케임브리지 교육개발원(CEC) 기숙사에서 같이 유학하는 동생들과도 친하게 지내고 자주 운동도 하면서 스트레스를 풀 수 있어서 학업 외적인 부분에서는 아주 만족했습니다. 또한, 제가 목표한 케임브리지 대학과 가까운 곳에서 매일 같이 숨 쉬고 지낼 수 있다는 장점과 현 재학생들과의 만남으로 자연스럽게 대학에 대한 목표와 정보를 가질 수 있어 케임브리지 지역에 있는 Sixth Form 선택도 너무 잘 한 것 같습니다.

케임브리지에 입학을 했는데 어느정도 열심히 공부하고 준비했는지?
케임브리지 입학을 위해선 우선 AS 성적과 interview가 가장 중요하다고 한영호 원장님께 들었습니다. AS 기간에는 기본적으로 학교 수업은 무조건 가려고 노력했고, 실제 출석률 95% 밑으로는 떨어지지 않을 만큼 학교를 다녔습니다. 하루에 몇 시간씩 정해놓고 공부한 건 아니었지만, 제가 늦게까지 공부하는 스타일이라 12시 이전에는 자지 않고 공부했었던 것 같습니다. 수학문제의 경우 모든 문제를 다 풀었고, past paper도 대부분 풀었던 것 같습니다. 경제 같은 경우는 CEC에서 1주일에 한번씩 과외를 받으며 실전 감각을 익혔습니다. 좋은 AS 성적을 받은 뒤에는 interview 준비를 했습니다. 불행히도 제가 지원하는 학과에 한국인이 몇 년간 없어서 많은 도움은 받지 못했으나 제 스스로 DoS(Director of Studies)의 논문, 관련 서적 등을 많이 읽고 실제로 예상 인터뷰 질문과 답도 작성해보았습니다. 긴장감을 풀기 위해 빈방에서 밤늦까지 혼자 인터뷰 질문을 읽고 녹음해봤던 기억이 남습니다. 인터뷰 준비기간에는 학교에서 무엇을 배웠는지 기억이 나지 않았을 만큼 거기에 집중했고, 지금도 몇몇 질문들이 기억날 정도로 많이 준비했던 것 같습니다.

앞으로의 계획?
우선 전공 공부에 매진할 생각입니다. 봉사활동, 동아리, 토크 등을 통해 더 많은 사람을 만나며 여러 분야에서 배우고 싶은 게 많습니다. UN과 같은 단체나 NGO에서 일하고 싶다는 생각을 하고는 있습니다만, 공부를 더하면서 제 꿈을 구체화시켜나갈 계획입니다.

영국 유학 중이나 준비 중인 후배들에게 하고 싶은 말
먼저 유학 중이시거나 준비하고 계시다면 후배님들은 정말 부모님에게 감사해야 합니다. 누구나 경험할 수 없고, 그렇기에 더더욱 열심히 공부하라고 말씀 드리고 싶습니다. 추상적 의미에서의 '열심히'가 아니라 절대적인, 누가 봐도 쟤는 너무 열심히 한다라는 말을 들을 때 까지요. 늦게 깨닫긴 했지만, 후배님들이 늦은 밤까지 졸면서 공부하신 시간들은 후배님들께 미래에 어떤 형태로든 돌아올 거 같아요. 원하는 대학에 모두 합격하시고, 대학에 가서는 미친 듯이 공부도 하시고 술도 마시고 후회 없이 보내세요! 또 좋은 대학, 원하는 대학에 들어가셔서 주위에 자랑도 하시고, 형편이 어려운 사람들, 사회적 약자들까지 생각하시는 멋진 후배들이 되시기를 진심으로 소망합니다. 마지막으로 유학을 준비하는 학생들에게 이 글은 광고성 글이 아니며, CEC 한영호 박사님의 도움을 꼭 받으라고 말하고 싶습니다.

옥스퍼드 합격
〈온○○〉

왜 영국 대학을 선택하게 되었는지?
초등학교때부터 터키에서 영국학교를 다녀서 자연스레 영국대학 입학을 생각하게 되었습니다. 부모님이 계시는 터키에서 지리적으로 가깝기도 했고, 처음에는 터키에 있는 IB 를 하는 학교에서 IB 로 영국 대학을 진학하려고 했는데 CEC 원장님과 상담 후 영국 대학에 입학하는게 유리하기도 하고 상대적으로 공부하기 편한 영국 입시제도인 A level을 고민없이 선택하게 되었습니다.

옥스퍼드에 입학을 했는데 어느 정도 열심히 공부하고 준비했는지?
방학 때마다 원장님과 선행을 한 덕에 수월하게 학교 공부를 했고 학기 중에는 스카이프 수업으로 기출문제를 꾸준히 풀어나갔습니다. 한번 틀리거나 막힌 문제는 오답노트를 만들어 세 번 이상 반복학습을 했고 원장님께서 알려주신 다른 보드들의 기출문제도 하나도 빼지 않고 다 풀려 노력했습니다.

대학 Offer까지 어떻게 공부를 했으며, 어떻게 준비를 했는지요?
처음엔 어떻게 준비를 해야하나 막막했었는데 원장님의 상담 후에 자신감도 얻게 되었고 '옥스브리지' 라는 목표를 갖게 되었습니다. 터키의 국제학교에서는 기틀이 잡혀있지 않았고 대학입시에 대한 정보조차 접하기 어려웠던 저는 지난 2년 동안 원장님의 가이드와 지시에 충실히 따르며 마라톤을 하듯이 매 순간을 목표를 향해 뛰어왔습니다. 여름 방학에는 한국에서, 텀 방학 때는 케임브리지에서 원장님께 가르침을 받았습니다. 원장님께서 그때 그때 학습스케줄 관리를 잘 해주신덕에 불필요한 에너지나 시간의 소비가 없어서 항상 최상의 컨디션을 유지하며 수험생활을 유지할 수 있었습니다. 특히 가장 신경을 쓰고 준비했던 것은 옥스포드 PAT시험이였는데 원장님의 도움으로 과거 기출문제뿐 아니라 올림피아드 문제까지 두루두루 접해 본 것이 큰 도움이 되었습니다.

앞으로의 계획?
저는 앞으로 옥스퍼드에서 Engineering Science를 전공하게 될 것입니다. 저는 인공지능 분야에 관심이 많아서 그 분야에서 박사까지를 목표로 삼고 있습니다. 아직 우리나라는 인공지능이 걸음마 수준인데 열심히 배우고 익혀서 우리나라의 기술 발전에 기여하고 싶습니다.

영국 유학 중이나 준비 중인 후배들에게 하고 싶은 말
공부를 함에 있어 무엇보다 제게 중요했던 것은 목표의식이었습니다. 내가 하고싶은 것을 설정하고 일차 목표를 정하고 거기까지 도달하기 위해 열심히 달리는 것. 한 단계 한 단계 그 목표를 이루어 낼 때마다 느끼던 쾌감이 저를 여기까지 오게 했습니다. 지난 2년간의 여정에 있어 CEC는 더없이 훌륭한 페이스메이커였고 코치였습니다. 옥스브리지라는 큰 꿈을 심어주시고 여기까지 이끌어 주신 원장님께 감사 드립니다. 여러분도 CEC와 함께 큰 꿈을 그리고 하나하나 이루어 나가길 바랍니다.

옥스퍼드 합격
〈정○○〉

영국유학의 계기와 왜 영국을 선택하게 되었는지?

저는 영국 오기 전까지 해외유학 경험이 전혀 없었습니다. 중학교 초반까지는 유학에 대한 필요성을 못 느껴서 한국에서 중,고,대학교를 한국에서 다닐 거라고 생각하고 그에 맞춰서 공부를 했습니다. 하지만 중학교 생활을 하면서 제 적성, 그리고 흥미에 맞는 걸 찾고, 꿈이 정해지고 틀이 잡혀지기 시작하면서 이런 생각이 들었습니다. "내가 가지고 있는 이 꿈을 한국뿐만이 아니라 전 세계 여러 나라에서 펼쳐보고 싶다." 이런 야망을 가지다 보니 자연스레 외국에 대한 호기심이 생겨나고 해외 유학을 하며 좀 더 다양한 경험을 하고 더 넓은 안목을 기르고자 해외유학을 결정하게 되었습니다. 당시 몇몇 나라 중 어디를 갈까 고민을 하다가 옛날 전 세계를 바꿔놓았던 산업 혁명의 중심인 영국이 제 전공(Engineering)과 잘 맞고 또 영국 대학이 제가 이루고자 하는 것을 이룰 수 있도록 큰 도움을 줄 것 같아 영국에서 공부하기로 마음먹었습니다.

처음 와서 영어가 힘들었을 텐데 어떻게 극복했는지?

저는 처음 영국에 갔을 때 영어에 대한 걱정을 많이 했었습니다. 초,중학교에서 배운 기초 영어와 그리고 학원에서 배운 영어로 그나마 짧은 문장을 만들 수는 있었지만 대화를 길게 못 잇다 보니 친구들과 대화하고 싶어도 길게 못하는 등 스트레스도 생겨났습니다. 하지만 처음 6개월 동안 Full Time English라는 영어를 집중적으로 하는 프로그램에서 영어를 열심히 공부했습니다. 또 같은 반 친구들도 영어를 자유자재로 하는 편이 아닌 저와 비슷한 실력이라 저도 부끄러움 없이 친구들과 대화도 하면서 영어가 조금씩 늘었습니다. 그 후로 친구들을 많이 사귀고 대화도 많이 하면서 자연스레 제 영어 실력도 늘게 되었습니다. 또한 A-Level 과정 중에도 영어 수업은 계속 들었기에 Speaking 외 영어도 골고루 늘 수 있었던 것 같습니다.

영국 학교 생활은 만족?

학교 생활은 대체로 만족스러웠습니다. 친절한 선생님들 덕분에 학교 생활에 잘 적응 할 수 있었고 수업 중 모르는 점이나 궁금한 점이 있으면 친절하게 대답해 주셨습니다. 또한 열정적인 수업 분위기 덕분에 공부에 더욱 집중할 수 있었습니다. 수업들 사이에 있는 자유시간은 누구의 간섭없이 수업에 지친 몸과 정신에 휴식을 주는 한편 배웠던 부분을 복습, 예습할 수 있는 귀중한 시간이었습니다. 다양한 방과 후 활동은 제가 가장 만족스러웠던 점 중 하나입니다. 여러 개의 활동을 하면서 학업과 일상생활에서의 스트레스를 해소할 수 있었고 더 많은 친구들을 사귈 수 있었습니다. 다만 아쉬운 점이 있다면 학교에 영국 학생이 거의 없다는 점이었습니다. 제가 다녔던 학교는 상당수가 아시아인이었고 또 아시아인 중 대부분이 중국인이었습니다. 물론 덕분에 서로 통하는 면이 있어 친구들도 어렵지 않게 사귈 수 있었지만 제가 원하는 학교 기준(영국 학생 비율이 높아 영국적인 분위기 속에서 공부를 하면서 영국 친구도 많이 사귈 수 있는 그런 학교) 이 있었기에 좀 아쉬움이 남지 않나 싶습니다.

옥스퍼드에 입학을 했는데 어느 정도 열심히 공부하고 준비했는지?

저는 어느 대학교를 가던 간에 A-Level 성적은 기본적으로 중요하다고 생각했습니다. 그래서 학교 진도를 놓치지 않기 위해 학교 수업은 하나도 빠지지 않고 참석했으며 매 수업 궁금한 게 있으면 꼭 질문을 하고 이해하고 넘어갔습니다. 수업 중간중간 free period 시간에는 놀지 않고 꼭 학교 자습실이나 City centre에 있는 도서관에 가서 공부를 했습니다. 제 친구들이 도서관을 가면 항상 저를 본다는 말까지 들을 정도로 자주 갔었습니다. 옥스포드에 합격할 수 있었던 것도 이런 노력 덕분에 가능했던 것이 아닐까 싶습니다. 또한 옥스포드에 들어가기 위해서는 다른 준비들(학교 자체 시험,인터뷰)이 필요했습니다. 하나하나 대충하지 않고 신중히 준비하였습니다. 제가 준비하면서 모르는 부분이나 부족한 부분은 한영호 원장님의 도움으로 해결할 수 있었습니다.

앞으로의 계획?

제가 옥스포드 대학에 대해서 들은 게 있습니다. 옥스포드 대학은 입학도 어렵지만 졸업은 더 어렵다는 것입니다. 즉 앞으로의 생활과 공부가 더 힘들어질 것을 의미합니다. 그렇기에 지금으로써는 대학 생활을 열심히 해서 좋은 성적을 받고 무사히 졸업할 수 있도록 제 자신을 계속 다잡아 후회없는 결과를 만들자는 작지만 중요한 계획이 있습니다. 물론 대학 졸업 이후에는 제 전공과 특기를 잘 살려 세계 무대에서 하고 싶은 일을 한다는 꿈이 있습니다. 하지만 그러기 위해서는 대학에서 기본기와 경험을 잘 쌓아야 하기에 최선을 다해 대학 생활을 하는 것이 중요하다고 생각합니다.

영국 유학 중이나 준비 중인 후배들에게 하고 싶은 말

항상 무엇을 하든지 간에 결과를 예측하지 말고 최선을 다하자. 어렵고 힘든 일이라도 "안될거야" 라는 생각보다는 "어떻게든 열심히 하면 되겠지" 라는 생각으로 후회 없이 최선을 다하자. 그러면 분명 성공으로 가기 위한 과정도, 그 결과도 모두 만족스러울거야. 목표한 바를 이루기까지 파이팅 해서 꼭 좋은 결과를 이루기를 바랍니다.

옥스퍼드 합격
〈한OO〉

왜 영국 대학을 선택했는지?

한국에서 과학고등학교를 다니고 있었는데 1학년 때부터 유학에 마음이 있었습니다. 다만 상대평가 시스템인 미국 쪽 대학을 지원하기 어려워서 유학 생각을 접었었으나, 지인 분 중에서 에이레벨을 해보는 것이 어떻겠냐 라는 추천을 받아 시작했습니다. 과학고에서 배웠던 내용을 영어로 바꾸고 서술하는 것이 문제였지만 에이레벨 과정이 지금까지 배운 내용과 잘 맞아 최종 결정하게 되었습니다.

옥스퍼드에 입학을 했는데 어느 정도 준비했는지?

평범한 한국 학생들 수능 준비하듯이 한 것 같습니다. 학교에서 내신할 때 선생님들 배려 덕에 저는 에이레벨 past paper와 revision을 보면서 공부했습니다. 2달 간 21개 시험을 치르다 보니 정신이 말이 아니긴 했지만 한국학생들 하듯이 했다고 생각합니다. 원래 재작년 12월 목표는 임페리얼이었는데 1월 시험 결과를 받은 다음부터 케임브리지나 옥스퍼드로 상향조정하고 준비하기 시작했습니다. 원래 에이레벨 3과목, 4과목이 2년 과정인데 다른 지원자보다 조금이라도 이점을 갖기 위해서 작년 6월 세션에 상당부분 몰아서 봤습니다.

Offer까지 어떻게 공부를 하고 준비했는지?

6월달 에이레벨 결과가 생각만큼 나오질 않아 실망하던 와중에 CEC 아카데미를 가게 되었습니다. 본래 목표였던 케임브리지에서 옥스퍼드로 수정하고 그에 알맞게 준비할 수 있도록 해주셨습니다. 전반적인 계획을 수립하고 남들보다 조금이라도 이점을 갖기 위해 전략을 짜고 체계적으로 접근하는 점에서 크게 도움 받았습니다. PAT는 일주일에 한번씩 수업을 하고 시험 전까지 3번 정도 풀고 들어갔고 인터뷰 수업도 하면서 준비를 철저하게 했습니다. 인터뷰 직전에는 모의 인터뷰로 준비를 많이 하고 들어갈 수 있었습니다. 물론 기출 외에도 BPhO나 제가 시험 본 Edexcel외의 보드의 문제도 철저히 준비해 각별히 특이한 유형이 많았다고 하는 이번 PAT를 볼 때 어려움이 크게 없었던 것 같습니다. 인터뷰 또한 마찬가지로 기출 외에도 다양한 문제와 이미 알고 있는 개념을 영어로 설명하는 연습을 거친 덕분에 알고 있는 지식을 최대한 활용할 수 있어서 좋은 결과가 따른 것 같습니다. 여러가지 정보 및 자기소개서, 시험 준비 등을 체계적으로 도와준 CEC 한영호 원장님께 정말 감사드립니다.

앞으로의 계획은?

본래 관심 있던 분야인 바이오메카트로닉스 특히 prosthetics, dexterous manipulation 쪽으로 공부를 하고 싶습니다. 운이 좋게도 Biomedical Engineering으로는 최고로 평가 받는 옥스퍼드에 진학하게 된 만큼 학사

때부터 이 분야에 대해 관심을 가지고 공부해 연구해 나아가고 싶습니다.

영국 유학 준비 중인 학생들에게 해주고 싶은 말

영국 유학이 아직은 생소한 사람들도 많으리라 생각됩니다. 하지만 한국학생들 특히 특목고, 과학고 학생들에게 있어서는 충분히 도전해 볼만한 길이라 믿어 의심치 않습니다. 물론 여타 유학과 같이 철저한 준비는 해야 한다는 점, 그저 수능을 피하기 위한 도구가 아니라는 점을 잘 알고 시작을 해야 합니다. 또한 CEC 원장님을 포함해서 선생님들이 하면 안된다라고 하는 것은 그만한 이유가 있다는 것을 잘 알고 따르시길 바랍니다. 영국으로 유학을 가게되면 이런 기회를 가졌다는 점에서 감사하는 마음을 항상 가지고 자신의 학교가 다른 학생들보다 유명하고 좋은 곳이 되었다 하더라도 자신이 더 잘났다라는 생각은 조금도 하지 않기를 바라겠습니다.

케임브리지 합격
〈김OO〉

영국 유학 계기?
초등학교 4학년 때 부모님 (아버지 회사) 때문에 영국에 오게 되었습니다.

왜 영국으로 유학을 왔는지?
아버지께서 다니시던 회사가 웨일즈에 공장을 세우게 되면서 주재원으로 영국에서 근무 하시게 되었고, 그 때문에 저를 포함한 가족들이 영국으로 오게되었습니다.

처음 와서 영어가 힘들었을 텐데 어떻게 극복했는지?
영국에 처음 왔을때 할 수 있는 영어는 How are you? My name is XX. I am 11 years old. This is a cat 정도였습니다. 학교 친구들이 정말 friendly하고 학교 선생님도 잘 챙겨 주셔서 학교생활이 재밌었습니다. 특히 축구가 워낙 popular한 나라서 축구를 열심히 했습니다. 영국 생활 초창기에는 영어 개인 레슨을 일주일 1번씩 받으면서, 영어 공부만 몇 년동안 했습니다. 다른 과목들은 어렵지 않아서 영어 실력 향상에 집중했습니다.

영국 학교 생활은 만족했는지?
쉬는시간마다 축구를 하면서 잘 맞는 친구들을 많이 사귀게 되었고 덕분에 영어도 많이 배우게 되었습니다. 제가 영국 사립/공립 학교 친구들이 많아서 그 큰 차이점을 조금 압니다. 소문나게 좋은 공립학교 아니면 사립학교를 꼭 추천합니다. 학비와 같은 비용적인 문제가 있긴하지만 공립학교에 가면 학생들이 거칠다는 이미지가 있습니다. (경험상).

케임브리지대 박사 과정에 입학을 했는데 어느 정도 열심히 공부했는지?
영국학생들도 명문대 입학을 위해서 열심히 공부 한다고 들었지만, 한국사람으로서의 자부심으로 더욱 더 열심히 했습니다. 당연히 해야하지만 아침 8:30분 부터 저녁 9시까지는 기본으로 학교에 있었습니다 (주말도 기본). 기본에 충실 했습니다.

앞으로의 계획은?
박사 과정을 하고있으니 박사 학위 후, 대학 교수가 되었으면 합니다.

후배들에게 하고 싶은 말

제가 생각하기에는 사실 공부라는게 머리도 좋아야 하지만 자신과의 싸움에서 이기는 것도 중요하다고 생각합니다. 능력이 되어 여기까지 왔으면, 제일 힘든건 자신을 이기는 거니까 다들 좋은 기회가 주어졌을때, 시간을 잘 유용하게 써서 자신과의 싸움에서 이겨야합니다. 학생은 공부 그리고 또 공부. 변명하지말고 열심히 하세요.

LSE 합격
〈황OO〉

왜 영국 대학을 선택하게 되었는지?
저는 10학년까지 태국에 있던 국제학교에서 공부를 했습니다. 이후 영국으로 학교를 옮겨 A레벨을 공부하게 되었고, 자연스럽게 영국대학교 입학을 준비하게 됐습니다. 또한 어렸을 적부터 경제학을 전공하고 싶었던 저로서는 케임브리지와 LSE등 경제학으로 명성있는 대학교들의 존재에 크게 이끌렸던 것 같습니다.

LSE에 입학을 했는데 어느정도 열심히 공부하고 준비했는지?
모든 영국의 명문대가 그렇듯 높은 A레벨 성적을 가장 중요한 목표로 잡고 공부했습니다. 이를 위해 방학때는 CEC에서 한영호 원장님과 그 외 선생님들과 선행진도를 미리 예습하였고, 모르는 부분이 있다면 학원선생님이나 인터넷을 통해 답을 구한 후, 노트에 정리를 해두었습니다. 그렇기 때문에 학기 중에는 수업을 충실히 듣기만 했고 모르는 부분이 있다면 그 부분만 복습을 꾸준히 했습니다. 시험기간에는 모든 기출문제들을 세 번씩 반복해 풀었습니다. 개인적으로는 개념만 확실히 이해한다면 상대적으로 적은 양으로도 시험 기간에 훨씬 효율적으로 A레벨 시험을 대비할 수 있을 것이라고 생각합니다. 특히 경제학과를 지망하는 학생들에게는 평상시에 자신이 관심있는 경제학관련 도서들을 많이 읽어보라고 조언하고 싶습니다. 독서를 하거나, 신문 등을 읽고 작가의 논지에 대한 자신의 의견을 생각해보는 훈련이 교과서를 보는 것보다는 효율적이며 더 흥미로운 학습법이라고 생각합니다.

앞으로의 계획?
LSE 졸업 이후에는 전공을 살려 금융계에 취직하고 싶습니다. 기회가 된다면 골드만삭스 같은 대형 투자은행에서 일해보고 싶습니다. 대형 투자은행에서 일할 기회가 생긴다면 어느 국가에서든 일해 볼 마음이 있습니다. 2~3년간 금융회사에서 일을 하다 미국에서 석사와 박사학위를 딴 뒤 한국으로 돌아와 대학 교수가 되는 것이 최종목표입니다.

영국 유학 중이나 준비 중인 후배들에게 하고 싶은 말
A레벨 기간동안 저도 대입에 대한 부담감에 온갖 불평을 달고 살았습니다. 특히나 저희 학교는 경쟁적인 학업 분위기가 팽배하여 심리적으로 크나큰 압박감을 주었습니다. 하지만 친구들의 페이스에 휘둘리기보다는 자신만의 페이스를 지켜가며 꾸준히 준비하는것이 가장 중요하다고 생각합니다. 다시 한번 강조하지만 시험문제의 오답에만 열중하는 것보다 그 토픽의 개념을 완벽히 익히는 것이 효율적인 공부법이라 말씀드리겠습니다. 또한 공부를 할때 95점을 목표로 잡고 공부하는것보다, 오직 100점을 목표로 잡고 공부하는 것이 옳은 자세라고 조언드리고싶습니다. 그런 마음가짐으로 공부를 해야 95점, 96점 그리고 그 이상의 A레벨 결과를 얻을 수 있다고 저는 확신합니다.

파운데이션 과정 학생의 수기

황OO (Newcastle)

FOUNDATION COURSE

영국으로 유학하게 된 동기는?

한국에서 중학교 과정을 OO국제학교에 재학 중이었으나, 학교 사정상 문제가 생겨서 문을 닫게 되었고, 그 이후 한국에 있는 국제학교 환경과 조건을 잘 알기에 부모님께서 현지 유학이 좋겠다는 결정으로 OO유학원 추천으로 Torbay EF UK에서 A-Level을 시작하게 되었습니다.

CEC는 어떻게 알았으며, 케임브리지에서 공부를 하게 된 계기는?

한국 국제학교 재학 중에 필요한 수업을 CEC 서울지사에서 받은 적이 있어서 이미 알고 있었습니다. 영국 유학 중에도 여름 방학에는 서울지사에서 수업을 받았으며, 유명한(좋은 평판, 우수한 결과) 영국 입시 전문 학원으로 잘 알려져 있어 자연스럽게 원장님과 선생님 등 친하게 되었습니다. 사실, 영국 유학에 대한 정보는 많이 알려져 있지 않습니다. 하지만, CEC에서 진솔한 상담을 받고 내 현재의 위치와 내가 목표하는 바 갈 수 있는 조건 등을 진실되게 상담 후 CEC에서 공부를 하고 싶다는 결정을 하게 되었습니다. 그리고, CEC에 오기 전에 한국의 모 유학원에서 파운데이션 코스를 추천받아 OO College에서 1년을 하였으나, 공부를 할 수 없는 환경(즉, 공부는 안하고 노는 분위기)으로 실패 후 CEC에서 추천한 St Andrews College Cambridge에서 1년 시간을 보낸 후 지금은 Newcastle University에 재학 중입니다. 현재 저이 전공 영국 랭킹은 3, 4위 정도이며 만족한 대학 생활을 시작하고 있습니다.

케임브리지로 전학 후 파운데이션 공부는 어떻게 했는지?

EF에서 1년, OO College Cambridge 1년 총 2년의 아쉬운 시간을 보내게 되어 마지막 기회라는 생각으로 CEC 한영호 원장님만 믿고 간다는 결심을 하게 되었습니다. 2년여의 시간 동안 공부에 대한 습관과 의욕이 너무 부족하여 처음에는 많이 걱정했습니다. 하지만 저의 추천으로 2명의 EF 한국 친구들도 같이 CEC에 오게 되었고 그 친구들과 같이 공부하고 같이 지내는 시간을 보내다 보니 지금 생각해보면 그때 즐겁게 공부했기 때문에 좋은 결과를 얻게 된 것 같습니다. 특히 공부에 관해서는 원장님의 도움으로 큰 힘이 되었고, CEC 기숙사 실장님과 1년 동안 같이 생활하면서 탈선으로부터 방지와 안정적인 생활이 가능할 수 있었습니다. CEC 교육원은 타 유학원과 다르게 공부를 열심히 하지 않으면, 개인 레슨의 요구도 거절하기에 열심히 안 하고는 안되는 시스템이 공부를 열심히 할 수 있게 해준 것 같습니다. 특히, 주말, 휴일, 하프텀 방학 등 항상 교육원에서 자습을 하게 되어 있는 규칙이 파운데이션 공부로도 영국 20위권 안에 갈수 있는 좋은 결과의 시스템구조로 되어 있는데 이것은 나 뿐만 아니라 친구들에게 좋은 점인 것 같습니다.

앞으로의 계획 및 후배에게 하고픈 말

저는 어렸을 때부터 해양 부분에 많은 관심과 남다른 식견을 가지고 있다고 자신 있게 말할 수 있습니다. 특히, 조개 및 조개 껍질은 제가 외국 전문가들과도 서로 거래 및 연구할 정도로 많은 부분에서는 전문지식을 가지고 있습니다. 다른 친구들은 의대, 경제학, 전문직종과 관련되어 수입이 많은 부분으로 전공을 택하지만, 저는 이런 저의 지식에 더해 전문성을 배움으로써 해양 자원 중 생명과학 부분과 에너지 부분에 많은 연구를 할 계획입니다. 나의 발전보다 인류에 대한 조금이라도 좋은 일을 하고 싶은 마음입니다. 후배들에게도 하고싶은 말은 내가 가장 하고 싶고 잘 할 수 있는 것이 무엇인가 를 생각하고 그 방향에 내가 공부한다면 좋은 결과가 있을 것이라 생각됩니다.

파운데이션 과정 학생의 수기

이OO (Lancaster)

FOUNDATION COURSE

영국으로 유학하게 된 동기는?

중학교 졸업 이후, 한국의 교육에 대한 실정과 미래에 대한 도전의식, 내 자신에 대한 꿈이 크게 없었습니다. 어떻게 하는 것이 내 삶을 개척하고 내 자신의 자아를 찾을 수 있을까? 많은 고민 중에 부모님의 권유와 형의 적극 추천으로 유럽에서 교육을 선택하게 되었습니다. 형은 스페인에서 축구 유학 중으로 유럽의 장, 단점을 잘 알고 있어 결정은 쉽게 한 것 같습니다. 유럽의 최고의 교육 선택 중에 당연하게 영국을 선택을 한 것 같습니다.

CEC는 어떻게 알았으며, 케임브리지에서 공부를 하게 된 계기?

영국에서 처음에 있었든 곳은 영국 남부에 있는 Torbay EF라는 학교에 다니게 되었습니다. 처음에는 천국이 따로 없는 세상이라는 느낌과 현실이 저에게는 너무 좋은 기억으로 남는 것 같습니다. 하지만, 유학이라는 것을 처음 경험한 것에 대한 무서운 적은 자기 자신의 관리가 가장 힘들다는 것을 알게 되었습니다. 공부보다는 친구들과 노는 것으로 대부분 시간을 보낸 것 같습니다. 학교에서도 크게 공부에 대한 부담을 주지 않았기 때문에 좋았으나 시험 결과가 너무 형편없는 것이 현실이었습니다. 이대로는 안 될 것 같아 관리를 하는 곳을 찾다가 영국 유학 중인 한국 학생들이 모두가 알고 있는 교육과 가디언을 전문으로 하는 CEC 라는 곳을 추천받게 되었습니다. 소문만 믿고 CEC는 규율 및 규칙 등 모든 것을 다 관리받는 것 뿐만 아니라 시험 결과도 영국 최상의 결과로, 공부 잘하는 학생만 가는 곳이라는 오해가 있었습니다. 하지만 CEC는 원장님의 상담을 통해 모든 학생들의 개별 능력에 맞게 초점을 두어 관리를 하는 시스템으로, 명문대 합격이 공부를 잘해서 가는 경우도 있겠지만 이곳처럼 주말, 휴일, 하프 텀 등 쉬지 않고 공부를 하게 만들어서 목표하는 대학에 갈 수 있도록 만들어 주는 경우도 있습니다. 이후 저도 원장님의 상담을 통해 케임브리지에 있는 ST Andrew's Cambridge로 전학 가게 되었습니다.

케임브리지로 전학 후 파운데이션 공부는 어떻게 했는지?

EF에서 1년이라는 시간을 허비하고 난 후, 새로운 마음으로 각오를 하게 되었습니다. 영국 TOP 10 대학은 A-Level 2년 과정으로만 가는 줄 알았습니다. 하지만 원장님께서 1년 파운데이션으로 열심히 따라만 온다면 충분히 10위권 대학으로 갈 수 있다고 자신감을 복돋아 주셨습니다. 이후 지속적인 학습 가이드 및 관리로 주말 등 쉬는 날 없이 열심히 시험에 준비하였습니다. 그렇다고 한국에서처럼 밤 낮 없이 공부한 것은 아닙니다. 휴일 등 주말에는 교육원에 나가 3~4시간씩 공부 후 친구들과 이야기도 하고 재미있는 시간을 보내고, 또래의 한국 친구와 인간관계도 만들기도 하며 즐겁게 생활하였습니다. 이후 이전에 학교 한국 친구들에게도 CEC를 소개하게 되었고 2명의 친구가 더 오게 되었습니다. 친구 부모님들께 정말 고맙다는 말까지 들었습니다. 유학은 학교의 수준도 중요하지만 더 중요한 것은 다른 방향으로 가지 못하게 바른길로 갈 수 있도록 관리해주는 것 또한 매우 중요하다는 것을 알게 되었습니다. 저 또한 CEC에서 잘 관리해주어서

FOUNDATION COURSE

공부에만 집중할 수 있었습니다. CEC는 영국 유학의 최적의 메카로 추천하고 싶습니다.

앞으로의 계획 및 후배에게 하고픈 말

저의 아버지가 한국에서 사업을 하고 있어서 제가 경영학을 공부해서 같이 가시길 바라십니다. 하지만, 아버지가 일궈낸 사업을 자식으로 물려받는 것이 아닌, 한 단계 한 단계씩 경험과 능력으로 제가 할 수 있는 자질이 생길 때 아버지의 사업에 뛰어들 생각입니다. 졸업 후 글로벌 기업 취업을 목표로 공부를 열심히 할 것이며, 그 경험의 바탕으로 돈을 많이 버는 사업이 아닌, 국가와 국민에게 존경받는 기업의 CEO가 되는 것을 목표로 하고 있습니다.

유학 실패 사례들...

네이버 등 인터넷에 "영국 유학", "영국 유학원 추천", "영국 명문대", "영국 입시" 등 영국 유학 관련 검색어를 쳐보면 거의 대부분의 검색어 상위권을 몇 개 업체가 독점을 하고 있습니다. 영국 유학 상담이 필요한 분들은 검색어 상위에 있는 순서대로 홈페이지 방문 후 대부분의 경우 그 검색어 상위권에 포진해있는 유학원에서 상담을 받습니다.

유학원 방문 후 유학원의 규모, 시설 등에 매료되어 상담원이 하는 얘기를 듣고 자녀의 유학을 결정합니다. 상담원들이 영국 조기유학이나 입시교육 전문가들일까요? 꼭 상위권에 있는 업체만 아니라 검색어가 있는 대부분의 유학원들은 영국 조기유학이나 입시 유학 전문업체들일까요? 사실 영국 유학을 고려하는 학생/학부모님들은 영국 교육에 대해 거의 모르는 상태로 상담을 받습니다. 상담원이 하는 얘기가 전부 맞는 얘기라고 생각하고 그 얘기대로 맡기고 유학을 진행합니다. 영국 학교 선택도 유학원이 제안하는 학교로 선택되게 됩니다. 여기까지 아주 일반적인 영국 유학생들의 유학 루트입니다.

유학원을 통해 유학 수속 후, 대부분 9월에 영국 학교에 입학합니다. 나이가 좀 어린 학생들은 보딩스쿨에 입학을 하게 되고, 고등학교때 A-level 하러 영국에 오는 학생들 대부분은 외국 학생들이 많은 식스폼 컬리지에 입학하게 됩니다. 여기까지는 별 문제가 없어 보이죠?

유학생들의 대표적인 피해사례는 몇 가지 알려드리겠습니다. 이 몇가지의 사례가 모든 경우를 대변하는 것은 아니지만 아마 많은 유학생들은 공감할 것입니다.

유학원에서
A-level 상담 후 영국 유학 결정한 학생

유학 시작 전 나이가 20세 이상이었던 이 학생은 늦은 나이에 유학을 결심한 만큼 영국 명문대 진학이 목표였습니다. 유학 전에 영어 수준 (IELTS 7.0)이 높은 상태였습니다. 영국에서 수업이 전혀 문제없는 학생이었습니다. 첫 상담 때 유학원에서 학생이 대학에서 경제학을 전공하고 싶다고 하니 A-level 과목을 Core Maths, Economics, Politics, Psychology를 하라고 했답니다.

CEC 분석 이 학생은 과목 선정에 두 가지 문제점이 있습니다. 상위권 대학에서 경제학을 전공하고 싶은 학생인데 왜 Further Maths를 선택을 안 했는지와 에세이를 써야 하는 과목이 3과목인 것 입니다. 영국 학생도 법대 등 순수 문과 전공이 아니면 에세이 쓰는 과목을 3과목 하지 않습니다. 에세이를 쓰는 과목에서 고득점 받기는 정말 힘듭니다.

CEC 추천 A-level 첫해 마친 후, 필자가 상담 때 혹시 에세이 과목 성적이 잘 안 나오지 않았냐고 물으니 거의 대부분 B가 나왔다고 합니다. 이 학생의 얘기를 들어보니 유학원이 영국 입시를 제대로 모르면서 왜 이렇게 했는지 정말 이해가 안 되었습니다. 이후 필자의 전문 상담으로 Core Maths, Further Maths, Economics, Physics를 하기로 했습니다. 학교는 CEC 본사가 위치한 케임브리지에 있는 A-level 전문 학교로 바꾸어서 다시 A-level을 하기로 했습니다. 상위권 대학 경제학과는 Further Maths가 필수가 아니지만 하면 좋아하고, 대학 가서도 경제학 공부할 때 수학을 잘하는 학생들이 잘 따라 간다고 합니다. 물리는 해 본적이 없는 학생이지만, 과학 과목을 하면 대학이 좋아하므로 수학과 많이 겹치는 과목이라 물리를 하라고 권했습니다.

CEC에서 2년 동안 성적, 생활 관리를 한 결과 이 학생은 케임브리지 대학 경제학과에 입학하게 되었습니다.

한국에 있는 영국 A-level 전문 학교
사무소에서 상담받은 학생

이 학생은 고2 때 영국 유학을 결심한 학생이었습니다. 그리고 상담 받은 학교 사무소 소속의 학교로 입학하게 됩니다. 이 학생은 대학에서 경제학을 전공하고 싶어 했습니다. 이 업체 한국 상담사는 학생에게 A-level 때 Core Maths, Economics, Business Management을 하라고 권합니다. 아무것도 모르는 학생은 당연히 이 제안을 받아들입니다.

CEC 분석 영국 상위권 대학은 Economics와 Business Management을 한 과목으로 인정합니다. 이 과목으로 계속 A-level을 할 경우 이 학생은 최소 3과목을 이수해야 하는 A-level에서 2과목 이수한 것으로 간주되어 상위권 대학 진학이 안되는 상황입니다.

CEC 추천 이런 얘기 들을 때마다 너무 화나고 어이가 없습니다. 피해를 누가 봅니까? 고스란히 학생, 학부모님이 피해를 봅니다. 한 사람의 인생을 이렇게 무책임하게 상담하고 진행하게하는 것이 상식적으로 맞는지 이해가 되지 않습니다. 필자와 상담 후 Core Maths, Further Maths, Economics로 변경하라고 제안했고 첫 텀 후 학교에서 변경해 주었다고 합니다. 생각해보니 이 학교도 너무 무책임하네요. 학생이 이런 과목으로 한다고 하면 시작 전에 잘못되었으니 변경해야 한다고 해야 되는데, 참 무책임하네요. 학교 이름 공개하고 싶지만, 그럴 수 없는 현실이 안타까울 따름입니다.

이 학생은 영국 명문대에 입학하고 싶어 해서 3과목보다 4과목 하는 것이 좋다고 했는데 과학 과목은 기초 지식이 없어 선택을 꺼려했고, 그 외 과목도 이미 한 텀이 지난 상태라 새로 정해서 따라잡기가 쉽지 않은 상황이었습니다. 그래서 내린 결론은 지금 하는 3과목 성적 최대한 높이 받고, EPQ (5000자 에세이 쓰는 것) 하라고 제안해줬습니다.

어느 유학원이 영어 점수가 낮은 학생에게 에세이 쓰는 3과목 추천

이 학생은 영어 수준 (IELTS 5.0) 인데 A-level 과목을 Core Maths, Economics, Politics 하게 되었습니다. A-level 첫해 후, 영국 50위권 대학에 지원할 정도로 성적이 나빴습니다.

CEC 분석 영어 수준이 낮은 학생이 왜 에세이 쓰는 과목을 2개씩이나 선택하게 했는지 이해가 안 되었습니다.

CEC 추천 필자는 학생의 실력으로는 계속 A-level 을 진행해서 50위권 대학의 입학 요구 점수를 맞추는 것도 쉽지 않고, 학생도 50위권 대학에 진학하는 것을 원치 않아, 1년 과정의 파운데이션 과정을 추천했습니다. 대학 입학도 중요하지만, 대학에서 살아남아서 졸업 하는 것도 중요하니, 전공은 영어 부담이 많은 법대보다는 상대적으로 영어 부담이 적은 경영학을 추천하였습니다.

학생은 영국 대학 순위 10위 학교 경영학과에 진학하여 열심히 공부하고 있습니다.

식스폼 학교 추천 시 왜 비싼학교를 추천했는가?

외국 학생이 많은 식스폼 학교를 추천할 때 왜 비싼 학교를 추천했는지 이해가 안되는 경우가 더러 있습니다. 비싼 학교가 좋을까요? 왜 다른 학교에 비해서 학비나 기숙사비가 비쌀까요? 특별한 이유는 없습니다. 선생님이 다른 학교에 비해 아주 좋은 것도 아니며, 시설이 다른 학교에 비해 아주 좋은 것도 아닙니다. 학교를 정할 때 몇 곳의 학교에 대한 정보로 내 아이에게 맞는 학교가 어딘지 학교 위치, 지금까지 학교의 진학 결과 등 주요한 요소들을 따져보아야 합니다.

CEC 추천 학교를 선택할 때 유학원들이 특정 학교를 계속 추천한다면 그 학교는 다시 검토해보세요. 학교 선택 때도 가능하면 영국 입시 전문 유학원이나 입시 전문가에게 상담을 받아서 최소 2-3곳의 학교를 추천 받으세요. 위치, 가격, 학교의 프로그램 그리고 학교의 실적 등을 비교 검토 후 학교를 선택해야 후회가 없을 것입니다.

영국 유학 온 후, 성적이 엉망이고 공부를 열심히 하고있지 않아도 방치되고 있는 학생들이 너무 많습니다. 외국 학생들이 많은 식스폼은 학생들 출석상황을 체크하는데 많은 노력을 합니다. 성적은 학생이 공부를 해서 올려야 합니다. 성적이 안 좋을 경우, 학교가 해 줄 수 있는 것은 부모님에게 성적에 대한 리포트 보내는 것입니다. 실제 유학원들이 해줄 수 있는 것은 없습니다.

그러니 영국 교육을 잘 아는 업체나 사람이 가디언을 하거나, 처음 유학을 올 때 영국 교육을 잘 알고 영국 현지에도 영국 교육 전문가가 있는 업체를 통하면 유학을 온 학생은 이런 일이 생겼을 때 전문 상담을 통해서 성적을 올리는 방법 및 구체적으로 도움을 받을 수 있습니다.

필자가 이런 글을 써도 이 글을 못 보고 유학원에서 상담하는 경우가 있을 것이고, 설령 이글을 보아도 CEC가 학생들 자기들이 유치하려고 광고성 글 올린다고 생각하는 분들도 있을 거라 생각됩니다. CEC에서 상담받을 필요는 없지만, 어디에서 상담을 받든지, 유학 결정 후 앞에 언급 드린 이런 피해사례들처럼 피해 보는 일이 없었으면 좋겠습니다.

유학원을 통해서 오든, 유학원을 통해서 오지 않든 유학 온 학생들이 성적 등 문제 발생 시: 유학 후, 성적이나 과목 변경 등 발생 시 도움을 받을 곳이 없다고 합니다. 영국에도 사무소가 있다고 홍보하는 업체 소속의 학생들조차도 하소연합니다. 왜 일까요? 이유는 자명합니다. 유학원 업무를 보는 직원들은 영국 교육 전문가가 아니라 학생들이 아예 도움을 요청하지 않거나 도움을 요청해도 제대로 된 해결책을 받지를 못합니다. 유학원의 주 업무가 학교 소개가 목적이라 유학 온 학생의 성적에 관련된 문제는 해결 해 줄 의무가 없으며, 해결해 줄 수도 겁니다. 이럴 경우는 현지에서 도움을 받을 수 있는 곳을 스스로 찾아보아야 하는데 쉽지 않을 것입니다.

내 아이의 미래를 아무에게 맡기지 마세요.
꼭 전문 교육자와 상담을 받은 후 유학을 결정하세요!

CEC ACADEMY
BOARDING SCHOOLS

파트너 학교

St Mary's School
Cambridge

교육 환경이 우수한 케임브리지 시내에 위치한 여자 학교입니다. 이 학교는 데이스쿨과 보딩스쿨을 함께 운영하고 있어서, 영국 학생들의 비율이 다른 보딩 스쿨 비해 높습니다. CEC 영국 센터와 도보로 15분 거리에 있어 학생 관리 및 성적 관리가 최적인 학교입니다.

Brighton
College

2019년 올해의 영국 사립학교로 선정된 학교로 훌륭한 시설과 뛰어난 실적을 자랑합니다. 영국 최고의 사립 학교중 하나인 이 학교는 남녀공학이며, 데이스쿨과 보딩스쿨을 함께 운영하고 있습니다. 지난 5년동안 158명의 학생들이 옥스퍼드 대학과 케임브리지 대학에 진학을 했습니다.

Radley
School

9학년 부터 입학이 가능한 남학생 전용 영국 정통 명문 보딩스쿨 입니다. 옥스포드 근교에 위치하며, 학교 내 축구장, 럭비장 뿐만아니라 골프장과 호수를 가지고 있는 학교입니다. 우수한 학교 시설뿐만 아니라 명문대 진학율이 높으며, 전통적인 영국 사립학교 시스템으로 운영되고 있습니다.

CEC ACADEMY
BOARDING SCHOOLS
파트너 학교

Cheltenham Ladies College

최근 5년동안 여러 기관으로부터 최고의 영국 여학생 전용 사립 학교중 하나라는 상들을 수여했으며, 데이스쿨과 보딩스쿨을 함께 운영합니다. 성적 순으로, 영국 전체 학교 중 30위권에 있는 명문 사립학교 입니다.

Bedford School

케임브리지 근교에 위치한 남학생 전용 사립학교로 데이스쿨과 보딩스쿨을 함께 운영합니다. 역사가 오래된 영국 정통 사립학교이며 우수한 시설, 넓은 학교 부지를 가지고 있습니다. 영국 학교 순위 50~100위 권으로 명문대 진학율이 높습니다.

King's Ely

케임브리지 근교에 위치한 남녀공학 학교이며 데이스쿨과 보딩스쿨을 함께 운영합니다, 영국에서 가장 오랜된 사립학교중 하나로, 일리(Ely) 대성당이 학교 안에 있어 멋진 모습을 항상 감상할 수 있습니다. 영국 학교 100위권으로 처음 영국에 오는 학생들이 가기에 좋은 학교입니다.

상담 때 자주 하는 질문과 답변

Question 01

영국으로 조기 유학 시 (GCSE 이전) 학교 선정 방법?

부모님과 함께 가는 경우와 학생이 혼자 유학을 가는 경우로 나누어 집니다. 부모님과 함께 유학을 갈 경우 데이스쿨을 추천합니다. 집에서 학교를 다니는 경우이며, 사립 데이스쿨의 경우 보통 1~2년 전에 학생 선발을 하니 거주할 지역이 정해지면 집에서 가까운 학교들을 알아보아야 합니다.

학생 혼자 유학할 경우에는 학교 기숙사에서 지내는 보딩 스쿨을 선택하면 됩니다. 보딩 스쿨의 경우 영국 전역이 선택 범위가 됩니다. 대부분의 경우 런던이나 런던 근처의 학교들을 선택합니다. 보딩 스쿨의 경우도 입학할 학교에 1~2년 전에 입학 원서를 제출해야 합니다.

저희 CEC에서 상담하는 부모님의 경우, CEC가 학생의 가디언을 해주기를 원합니다. 그래서 케임브리지 지역 내 보딩스쿨이나 인근 보딩스쿨을 선호합니다. 케임브리지나 인근 학교를 선호하는 이유는 하프 텀이나 방학 등 학생이 학교에서 나올 때 거리가 가까우면 이동이 간편하고, 특히나 학생에게 문제가 있어서 저희가 학교에 급하게 가 볼일이 있어도 빠른 시간내 학교에 갈 수 있는 장점이 있습니다. CEC 에서 2~3개의 보딩스쿨에 자리가 있는지 문의 합니다. 그 학교들이 자리가 없다면 런던이나 런던 근교로 학교의 선택 범위를 넓힙니다. 학교 선택은 학생의 현재 실력을 바탕으로, 학생이 합격 가능한 사립학교를 사립학교 순위를 보면서 정합니다. 보통 학교 지원은 3곳에 지원을 합니다.

Question 02

영국으로 조기 유학 시 (GCSE 때) 학교 선정 방법?

GCSE (10, 11학년) 과정 중에는 대부분의 학교들이 신입생을 선발하지 않습니다. 그래서 영국으로 유학을 보낸다면 GCSE 일년 전인 9학년이나 GCSE 시작 때인 10학년 첫 학기에 입학 해야 합니다. 그 시기를 놓치면, A-Level 때 입학을 하면 됩니다. 만약 영국 학교로 입학 시 11학년이면, 1년 과정의 GCSE를 하면 됩니다. 1년 과정의 GCSE는 6~8 과목을 하면 되고, 1년 과정의 GCSE를 했기 때문에 과목 수가 적습니다. 이것으로 인해 최상위권 대학들이 입학에 불이익을 주지 않으니 걱정하지 않아도 됩니다.

Question 03

영국으로 조기 유학 시 (A-level) 학교 선정 방법?

명문 사립학교에 입학하려면 입학 1~2년 전부터 준비해야 합니다. 대부분의 명문 사립은 해당 학년보다 나이가 어리거나 많으면 입학을 거절합니다.

저희 CEC에서는 케임브리지 내 A-level 전문학교 (Sixth Form College)에서 A-Level 하는 것을 추천합니다. 방과 후나 주말에 CEC 케임브리지 본사에서 공부를 할 수 있는 분위기를 만들어 줍니다. 그리고 매일매일 학생들을 관리하며, 공부나 다른 문제로 생길 수 있는 스트레스를 그날그날 풀도록 합니다. 텀에 한 번씩 CEC 자체시험을 통해서 학생들의 취약점을 찾아내어, 모자라는 부분을 수업으로 보완하여 실력을 올려주며 공부 방법 등에 대한 advice도 바로 해 줍니다. 텀 기간동안에 필요한 수업은 언제든지 가능합니다. 이런 시스템의 결과로 케임브리지에서 학교를 다니는 학생들은 영국 최고의 명문대에 계속 진학을 하고 있습니다.

Question 04

학교 등록 절차 및 필요 준비 서류?

등록 서류는 각 학교의 application form 외에 현재 학교의 성적표/school report와 추천서가 필요합니다. 기본 서류 전형 통과하면 학교 자체 입학시험을 저희 서울지사나 영국 문화원에서 시험을 보게 합니다. 입학 시험을 통과하면 인터뷰를 스카이프를 통해서 진행합니다. 입학이 결정된 후 예치금을 입금하고 나면 비자레터를 학교에서 받습니다. 비자레터가 나오면 비자 신청하게 됩니다.

Question 05

1년 예상 비용은 어느 정도 인지요?

학교마다 학비는 다양합니다. 보딩 스쿨의 경우 대략 50,000파운드/년으로 생각 하시면 됩니다. 학비는 일시불로 지불해도 되고 텀 (1년에 3회 분할) 으로 지불해도 됩니다. 그 외 가디언 비용, 1년 2회의 왕복 항공 비용 그 외 학생 용돈이 있습니다. 1년의 모든 기본 비용은 약 1억원 정도로 예상하면 됩니다.(환율에 따라 비용은 차이가 날수 있습니다.)

Question 06

학교가 선정되면 visa는 어떻게 준비를 해야 하나요?

학교에서 CAS (비자레터)를 받으면 바로 비자 수속 가능합니다. 저희 서울지사에서 비자 서비스 하고 있으니 언제든지 문의하시면 됩니다.

Question 07

대학원서 접수 시기는 언제이며 일찍 지원하는 것이 유리한지?

대학 접수 마감은 케임브리지, 옥스퍼드, 의대, 치대의 경우 10월 15일 마감입니다. 그 외 대학은 다음 해 1월 15일이 마감 날짜입니다. 빨리 지원한다고 유리하다는 정보는 대학 홈페이지 등에는 나오는 정보는 아닙니다. 그러나 제 다년간의 진학지도 경험으로 볼 때 일찍 원서를 접수하는 것이 유리하다 할 수 있습니다. 입학 원서 마감 전에 성적이 우수하다고 판단될 경우 offer 를 일찍 주는 학교들이 많습니다.

Question 08
Unconditional offer는 어떤 경우에 받나요?

Unconditional offer는 대학에서 요구하는 모든 조건 (A-level/IB 성적과 영어 등)을 충족시킨 경우 받을 수 있습니다. Unconditional offer는 무조건부 합격을 의미합니다. 대부분의 학생들은 원서를 넣을 당시에는 A2 (A-level 2년째 과정) 과정을 하고 있어 conditional offer (조건부 합격)를 받게 됩니다.

Question 09
영어가 합격 조건일 경우 영어 점수는 언제까지 맞추어야 합니까?

영어 점수는 대학교 입학 시작 전 약 1~2달 전까지 맞추면 됩니다. 영국 대학 개학 날짜는 10월 초이니 8월까지는 영어 점수를 받아야 합니다. 학교마다 날짜 차이가 있을 수 있으니 해당 학교에 문의 바랍니다.

Question 10
대학 지원은 몇 개까지 가능하며, 모두 떨어지면 어떻게 됩니까?

대학 지원은 의대는 4곳이고 그 외 학과는 5곳입니다. 참고로 케임브리지, 옥스퍼드는 동시 지원이 안 됩니다. 5곳 모두에서 입학 거절 (reject)이 올 수 있습니다. 만약 모두 reject을 받았으면 clearing 기회를 가질 수 있습니다. Clearing은 학교가 시험 결과 발표 후에도 정원을 채우지 못했을 때 대학들이 정원을 채우는 방법입니다. Clearing으로 갈 수 있는 학교나 학과는 상당히 제한적일 수밖에 없습니다. Clearing은 시험 결과가 나오는 시간부터 시작입니다. First come, first serve basis (선착순) 입니다. 참고로 케임브리지, 옥스퍼드는 Clearing으로 학생을 받지 않습니다. 임페리얼, LSE, UCL도 원칙적으로 clearing으로 학생을 받지 않지만 A-level/IB 성적이 좋을 경우에 문의 해 보시기 바랍니다.

성적이 좋은데 입학을 원하는 학교에서 clearing 으로 학생을 추가 선발하지 않을 경우, 이 성적으로 대학 원서를 다시 접수하면 됩니다 (Gap Year 라고 불림). 성적이 좋았던 학생들이 이 과정을 통해서 케임브리지, 옥스퍼드등 영국 최상위권 대학이나 의대에 합격 한 경우도 있습니다.

Question 11
Offer를 받고 offer를 맞추지 못하면 어떻게 됩니까?

Offer를 받았는데 조건을 맞추지 못하면 입학이 안 됩니다. 그러나 대학이 정원을 채우지 못한 경우 offer를 맞추지 못한 학생 중 성적이 좋은 순으로 입학을 허용 하기도 합니다. 케임브리지 등 최상위권 대학에도 이런 사례들이 있습니다.

Question 12
모든 대학에서 reject 당하고 clearing에서도 대학을 못 간다면 어떻게 해야 하나요? 재수라는 것도 있는지요?

영국에서도 재수라는 것이 있습니다. 예전에는 1년 과정의 A-level만 전문으로 가르치는 Sixth form college에서 가능했지만 지금은 영국 비자법이 강화되어 영국에서 A-level을 마친 경우에는 비자가 나오지 않아 영국에서는 가능하지 않은 경우가 있습니다. 단, A-level 학생 비자를 Child visa 로 받은 경우에는 영국에서 1년 과정의 A-level 을 할 수 있습니다. 저희 CEC 서울에서 1년 재수하여 대학을 진학하는 경우가 있으니, 추후 이런 경우가 생기면 문의 바랍니다.

Question 13

GCSE 과목 수가 많을수록 옥스브리지 입학률이 더 높은가요?

GCSE 과목 수가 많다고 케임브리지나 옥스퍼드 입학률이 높아지는 것은 아닙니다. 일반적으로 2년 과정의 GCSE 일 경우 10과목 정도, 1년 과정의 GCSE 일 경우 6과목 정도 하면 됩니다. 케임브리지나 옥스퍼드에서 GCSE 성적이 당락에 결정적인 영향을 주는 것이 아니지만, 합격생의 통계로 볼 때 A*/A (grade 7) 이상이 다수인 학생들 수가 많다고 합니다.

Question 14

영국 명문 사립학교 출신일수록 옥스브리지 입학률이 높은가요? 출신 학교가 당락을 좌우하나요?

명문 사립일수록 옥스브리지 입학률이 높은 것은 사실입니다. 하지만 대학들이 명문 사립 출신이라고 입학을 더 잘하게 해주는 것은 아닙니다. 명문 사립 학교의 경우 우수한 학생들이 많으며, 부모님들의 재력과 열정으로 자녀들에게 학교 수업 외 특별 과외 수업을 방과 후나 방학 때 진행합니다. 이러한 환경에서 공부한 학생들이 옥스브리지 입학할 확률이 높을 수밖에 없는 현실입니다. 출신학교가 당락을 좌우하진 않습니다.

저희 CEC 명예의 전당에 있는 케임브리지, 옥스퍼드 합격생들을 보면 절반 이상이 Sixth Form College (비명문 사립학교) 출신이며 30% 정도가 명문 사립학교 출신입니다.

Question 15

옥스브리지 인터뷰 전에 보는 시험인 Pre-interview test 결과가 어느 정도 당락에 영향을 주는지?

케임브리지의 경우 Pre-interview test의 결과를 토대로 약 80% 학생을 인터뷰에 초대하고, 옥스퍼드의 경우 Pre-interview test 결과를 토대로 전제 정원의 2~3배수가량 인터뷰에 초대한다고 합니다. 케임브리지에 비해 옥스퍼드가 Pre-interview test의 결과를 최종 오퍼를 줄 때 더 비중 있게 다룹니다. 케임브리지나 옥스퍼드 Pre-interview test를 못 치면 아예 인터뷰 오퍼를 못 받으니 아주 중요한 시험입니다.

Question 16

평상시 학교에서 시험 보는 평가 시험 대학에 성적 제출하나요?

영국 대학은 내신이 없습니다. 학교에서 본 시험은 제출되지 않습니다. 다만 선생님들이 학교에서 본 시험을 근거로 예상 점수를 부여하므로 학교 시험을 잘 봐야 합니다.

Question 17

Work experience와 인턴쉽은 전공에 상관없이 꼭 해야 하나요? 하면 입학 성공률이 더 높아지는지요?

의대, 치대는 병원 등에서 work experience를 하라고 합니다. 그 외 학과는 work experience가 없어도 입학에 문제가 없습니다. 고등학생이 전공에 관련된 work experience를 하는 것은 현실적으로 불가능하며 대학에서도 해 오라고 하지 않습니다.

Question 18

Work experience를 했다는 증명서 제출해야 하나요?

증명서를 의무적으로 제출할 필요는 없습니다. 무작위로 선택해서 증명서 제출하라고 할 수도 있습니다만 일반적으로 증명서를 제출하라고 하지 않습니다.

Question 19

옥스퍼드 대학이 문과 전공으로 더 좋고, 케임브리지 대학은 이과가 더 좋다는데 맞는지요?

이 두 학교를 비교할 때 일반적으로 옥스퍼드=문과, 케임브리지=이과라고 공식처럼 알려진 부분도 있습니다만 사실 두 학교 모두 문과, 이과 다 좋습니다. 케임브리지는 거의 모든 학과에서 옥스퍼드보다 입학 요구 점수가 높습니다. 특히 이공계의 경우 최상위권의 학생들도 입학이 쉽지 않으며, 케임브리지 이공계는 전 세계에서도 최고로 좋습니다. 문과도 세계적인 수준입니다.

옥스퍼드 이공계가 케임브리지보다 약간 뒤처지고, 심지어 임페리얼 공대가 더 좋다는 얘기가 있습니다만 옥스퍼드 이공계도 세계적인 수준입니다. 옥스퍼드 문과는 단일 학과보다는 융합형 학과가 많아서 학생들에게 인기가 많고 경쟁이 치열하다 보니 입학이 힘듭니다. 이런 여러 가지 이유로 옥스퍼드=문과, 케임브리지=이과 라고 하는 것 같습니다.

Question 20

파운데이션으로 옥스브리지나 의,치대 입학이 가능한지요?

파운데이션으로는 케임브리지, 옥스퍼드는 입학을 할 수가 없습니다. 의·치대 입학도 불가능합니다. 파운데이션으로 영국 최상위권 대학 입학은 불가능하며, UCL에 입학하는 경우가 있는데 아주 특이한 경우 입니다. 그 외 상위권에 입학을 하는 경우가 있는데 그 숫자는 많지 않습니다. 최상위권 대학이나 의·치대 대학을 진학하려면 A-level 이나 IB 를 해야합니다.

Question 21

현재 한국에서 대학을 다니고있는데, 영국 대학 (학부 과정) 에서 공부를 하려면 어떻게 해야 준비해야 하는지요?

어떤 영국 대학을 목표로 하느냐에 따라 달라집니다. 최상위권 대학이 목표면 A-level 을 추천합니다. A-level 은 한국에서도 가능하지만, 영국 현지에서 하는 것이 좋습니다. 영국 현지에서 수업을 하는 것이 공부 강도나 영어 향상 등이 한국에서 하는 것보다 효율이 높습니다. 다만 학생의 영어 수준이 IELTS 7.0 이상이고 자기 관리가 잘 된다면 한국에서 해도 괜찮습니다. 영국 최상위권 대학은 공부 외에도 다양한 부분 (예를 들면 EPQ, UKMT, 각종 올림피아드 등) 에서 성과가 있으면 입학에 더 유용합니다. 만약 영국 최상위권 대학이 목표가 아니라면 파운데이션 과정으로 영국 대학 입학 준비를 국내에서나 영국에서 가능합니다.

Question 22

군대 제대 후 영국 대학 (학부과정) 으로 입학이 가능한지요?

영국 대학은 입학에 나이 제한이 없습니다. 실제 사례 중 군대 제대후 영국에서 학부, 박사 학위를 받은 사람들이 있습니다. 필자도 이 경우에 속합니다.

Question 23

서울 소재 상위권 대학 진학을 위해 재수와 영국 유학을 고민하고 있는데, 저 같은 경우에 영국 유학을 하면 영국 최상위권 대학 입학이 가능한지요 ?

네, 가능합니다. 실제로 이 정도의 실력으로 영국 최상위권 대학에 입학 한 학생들이 있습니다. 다만 A-level 시작 전에 영어 실력이 이과의 경우 IELTS 6.5, 문과의 경우 IELTS 7.0이상이 되어야 가능성이 있습니다. 영국 현지의 A-level 전문 학교 (Sixth Form College) 에서 2년 과정의 A-level 하는 것을 추천합니다. 참고로 저희 CEC 명예의 전당에 옥스브리지 합격한 학생들 대부분은 케임브리지 지역의 A-level 전문 학교에서 A-level 을 하였습니다.

Question 24

아이가 어려서 혼자 영국에 보내기가 쉽지 않습니다. 이럴 경우 아이를 어떤학교에 보내며, 그리고 그런 학교들은 아이들을 돌봐주는 시스템이 되어있는지요?

초등학교나 중학교에 영국으로 유학 갈 경우 보딩 스쿨에 입학하면 됩니다. 보딩 스쿨은 학교에 모든 것이 갖추어져있고 학교가 학생들을 잘 돌봐 줍니다. 학교에서는 영국 현지에 부모님을 대신 할 가디언을 지정 할 것을 요구합니다. 엑시앗이나 하프텀 등 짧은 방학에 학생은 학교에서 나와야합니다. 이럴 때 영국 현지 가디언이 학생이 지낼 숙소를 찾아서 학생이 잘 지내게 해주는 역할을 수행합니다. 이 외에도 가디언은 학생의 학습과 학교와의 소통 등 여러가지 사안에 대해서 학생을 도와줘야 할 책임이 있습니다. 저희 CEC가 전문 가디언 서비스를 제공하니 자세한 사항은 문의 바랍니다.

Question 25

현재 영어 수준은 낮은 경우, 영국 대학 입학을 하려면 어떻게 준비를 해야하는지요?

학생이 현재 고등학생이면, 영국 현지에서 6-10개월 가량 어학 연수나 Sixth form college 에서 운영하는 Pre A-level 과정 (영어 위주의 수업 외에 수학 수업을 합니다) 을 추천합니다. 이 과정을 마칠때쯤 IELTS 5.5 이상이면 A-level 을 시작 할 수 있습니다. 2년 과정의 A-level 시작전 여름방학에 미리 A-level 과목에 대한 선행 학습을 하면 9월에 시작하는 A-level에 많은 도움이 됩니다.

Question 26

미국 유학 vs 영국 유학을 비교하면서 어디로 아이를 보내야 할지 고민이 많습니다. 미국 유학에 비해 영국 유학의 장점은 어떤 것이 있는지요?

세계 최고의 대학들을 보유한 미국과 영국은 전 세계 유학생들이 가장 선호하는 나라입니다. 영국 교육은 오랜 역사와 잘 갖추어진 시스템으로 운영되고 있습니다. 특히 보딩 스쿨 시스템은 전 세계 보딩 스쿨의 표본이기도 합니다. 미국 유학에 비해 영국 유학이 가진 장점들은 많습니다. 가장 대표적인 것은 보딩 스쿨 시스템, 빠른 학제라고 할 수 있습니다. 영국의 학부는 3년이고 석사는 1년이며, 박사는 3-4년이며 학부 성적이 좋을 경우 석사 없이 박사를 할 수 있는 것이 상당한 매력입니다. (필자의 경우가 바로 석사 없이 학부에서 박사로 바로 직행했습니다). 그리고 학비도 미국의 그것에 비해 저렴합니다. 전제 유학비용은 시간까지 감안하면 영국이 미국보다 비용이 덜 듭니다. 그리고 한국 학생 대부분 미국에서 유학을 하여 미국 대학의 학위를 가집니다. 반면에 영국 대학 학위는 미국에 비해서 적기 때문에 졸업후 희소성(취업 등)에 유리하게 작용 할 수있을 겁니다. 그 외 장점으로는 영국에는 총기 사고가 없습니다. 미국은 학교내 총기 사고가 빈번하게 일어나고있어 학생의 안전이 문제가 될 수있을 겁니다.

Question 27

영국 대학 졸업 후 취업은 잘 되는지요?

영국의 어느 대학을 졸업하느냐에 따라 취업의 수준이 달라 집니다. 영국 내 최상위권 대학 졸업자는 국내의 세계적인 외국계 기업 (투자은행, 컨설팅, 제약회사 등) 뿐만 아니라 국내 대기업에서 일하고 있습니다. 특히 삼성 등 국내 대기업 인사팀에서 케임브리지, 옥스퍼드나 런던으로 취업 설명회를 하면서 최상위권 대학에 다니는 한국 학생들을 유치하고 있습니다. 옥스브리지를 포함하여, 임페리얼, LSE, UCL 출신들은 국내 외에도 영국 내에서도 취업 비자 취득 후 투자은행, 컨설팅등 세계적인 회사에서 일하고 있습니다. 그 외 홍콩, 싱가포르나 두바이 등 세계적인 외국계 기업이 있는 곳에서 일하는 사람들도 있습니다. 학교 순위가 낮아지면 아무리 영국 학위 소지자라도 취업에서 유리하지 하지 않을 것 입니다. 영국 박사 학위 소지자의 경우 국내 대학, 영국 대학이나 해외 대학에서 교수로 일하는 경우도 많습니다.

Question 28

영국에서 의 · 치대 졸업후 영국이나 한국에서 의사를 할 수 있는지요?

영국 의 · 치대 졸업후 취업비자가 나오므로 영국에서 의사로서 활동할 수 있습니다. 한국의 의사고시에 응시하여 한국에서 의사하는 사람들도 있습니다.

Question 29

A-level 성적이 안 좋아서, 대학에서 요구하는 점수를 맞추지 못했는데, 어떻게 하면 영국 대학에 입학 할 수 있는지요?

A-level 성적이 안 좋을 경우에 다시 A-level 시험을 치면 됩니다. 1년 과정으로 다시 준비하면 되며, 한국에서 준비하면 됩니다. 9월에 시작하며 다음해 5, 6월에 시험치는 과정입니다. 예상점수는 10~12월 사이에 받아서 UCAS 를 통해서 5곳의 대학에 지원하면 됩니다. 예상점수와 추천서는 공부를 하고있는 센터에서 받으면 됩니다. 저희 CEC 서울 지사에서 이런 학생들을 위한 프로그램이 있으니 문의하시면 상세하게 상담해 드릴겁니다.

Question 30

A-level 첫해 마친 후 예상 점수가 안 좋은 경우, 어떻게하면 최종 예상 점수를 잘 받아서 명문대 입학 원서를 제출 할 수 있는지요?

예상 점수가 안 좋을 경우 원하는 학과에 지원을 할 수가 없고, 지원 할 대학 순위도 많이 낮아집니다. 이럴 경우 예상 점수를 다시 평가 받을 수 있는 몇가지 방법이 있습니다. A2 시작 첫텀 성적을 바탕으로 예상 점수를 다시 줄 수 없는지 학교와 얘기를 해봐야 합니다. 학교에서 기회를 안 주겠다고 하면 학교를 옮기는 것도 방법입니다. 대신 옮길 학교에 A2 첫 텀후 예상 점수를 줄 것을 부탁합니다. 그렇게 해준다면 학교를 옮기면 됩니다. 옮긴 학교에서 계속 A-level 을 진행하면 됩니다. 첫 해 A-level 성적이 공식 점수가 아니므로 대학 지원 시 전혀 불이익이 없습니다.

Question 31

의 · 치대 시험인 UCAT는 얼마나 중요하며, 준비를 어떻게 해야 하는지요?

각 학교들이 정해둔 시험을 쳐야 합니다. 이 시험 성적이 낮으면 아무리 A-level 예상 점수가 높아도 인터뷰 오퍼를 받을 수 없습니다. 이 시험의 준비는 A-level 첫해 마친 후 여름 방학동안 준비하면 됩니다. 도움이 필요할 경우 저희 CEC 에 문의 바랍니다.

MEMO

MEMO

초판발행	|	2020년 01월 22일
2 판 1 쇄	|	2023년 02월 01일
3 판 1 쇄	|	2025년 12월 10일

발 행 인	|	한영호
발 행 처	|	CEC아카데미
주 소	|	서울시 강남구 논현로 411 남형빌딩 2층
전 화	|	02-537-9995 / 070-7137-1420
팩 스	|	02-3473-9995
이 메 일	|	contact@camedu.net
홈페이지	|	www.camedu.net

이 책은 저작권법에 따라 보호 받는 저작물이므로 무단 전재와 복제를 금지합니다.